John Coleman

A ROTHSCHILD-DINASZTIA

OMNIA VERITAS®

John Coleman

John Coleman brit szerző és a Titkosszolgálat volt tagja. Coleman számos elemzést készített a Római Klubról, a Giorgio Cini Alapítványról, a Forbes Global 2000-ről, az Interreligiózus Béke Kollokviumról, a Tavistock Intézetről, a Fekete Nemességről és más, az Új Világrend témájával foglalkozó szervezetekről.

The Rothchild Dynasty

A Rothschild-dinasztia

Fordította és kiadta az Omnia Veritas Limited

OMNIA VERITAS®

www.omnia-veritas.com

Dr. John Coleman, *a The Committee of 300* (A 300-*as Bizottság*) című könyv szerzője elmeséli, hogyan szerezte meg első vagyonát Mayer Amschel, a „Vörös Pajzs" dinasztia alapítója. Ez messze áll azoktól a mítoszoktól és legendáktól, amelyek még mindig körülveszik azt az embert, aki rongy- és csontkereskedőként és zálogház-tulajdonosként kezdte pályafutását, egy kis házban a frankfurti Judenstrasse-n, ahol feleségével és családjával élt.

A történelemnek tulajdonított események gyakran egy „rejtett kéz" műve, amely a színfalak mögül mozgatja a királyok, hercegek és hatalmasságok szálát. A könyv elmagyarázza ezt a jelenséget, és cáfolja a Rothschildok körül kialakult legendákat, miközben feltárja azokat a Rothschild-család által szőtt intrikákat is, amelyek olyan emberek bukásához vezettek, mint Napóleon és II. Sándor orosz cár.

A legenda szerint Mayer Amschel Rothschild „zsenialitását és pénzügyi tehetségét" fiai örökölték, de az igazság egészen más, amint azt Dr. Coleman egyértelműen kifejti ebben a jól dokumentált beszámolóban, amely messze túllép a család valódi jellegét elrejtő legismertebb legendákon.

Lenyűgöző olvasmány, hogy pontosan hogyan „szerencséje volt" Mayer Amschel Rothschildnak, és milyen lépéseket tett, amelyek a családot a ismeretlenségből „egész Európa gyakorlatilag uralkodóivá" emelték.

Ez a kiváló könyv nem csak a múltról szól, hanem a jelenről és a jövőről is. Segít megmagyarázni sok olyan eseményt, amely megdöbbenti a hétköznapi embereket, mint például az iraki háború és az Irán elleni háborús fenyegetések.

ELŐSZÓ

Rothschild család – amelyet általában az apának és öt fiának tekintenek – története valóban a megragadott lehetőségekről szól; a nyereség megvalósítására irányuló eltökélt akaratáról és a belépésről egy olyan arisztokrácia világába, amely nem akarta őket. Egyesek talán arcátlanságnak tartják, hogy Mayer Amschel Rothschild kezébe és irányítása alá került hatalmas vagyont „lehetőségnek" nevezzük, míg mások ezt nem másnak tekintik, mint a gondjaira bízott pénzeszközök eltulajdonításának, ami aligha nevezhető „lehetőségnek" a szó általánosan elfogadott értelmében.

Mindazonáltal Mayer Amschel számára ez egy istenáldás volt, amely kiemelte őt a zálogházak és a használtcikk-kereskedelem világából a hatalom legmagasabb köreibe, ami figyelemre méltó eredmény, ha figyelembe vesszük a korszak történelmét, amikor a zsidókat számos polgári törvény korlátozta, amelyek állandó akadályt képeztek közöttük és azoknak a fejedelemségeknek és nemzeteknek a népei között, ahol éltek. A osztálykülönbség egy másik hatalmas akadály volt, amely még egy nem zsidó számára is ijesztő lett volna, aki nem tartozott a uralkodó arisztokráciához.

Az osztályok közötti mobilitás ismeretlen volt, a szeparáció pedig szigorú és szigorúan betartott volt, különösen a németországi Frankfurt am Mainban, ahol a Rothschild-dinasztia megkezdte figyelemre méltó történetét. Mayer Amschel Rothschild alig vagy egyáltalán nem kapott formális oktatást; családjának nem volt mottója, de ő rendelkezett céltudatossággal és erős vallási hittel. Családja polgári otthon volt, egy „idegen" otthon a frankfurti idegen gettóban.

Ravaszsággal, és amit egyes kegyetlen kritikusok „veleszületett ravaszságnak" neveztek, Mayer Amschel Rothschild bejutott az arisztokrata családok elbűvölő világába, akik elkerülték, sőt, megvetették őt. De ha nem találkozott voln dal, a hesseni tartománygróffal – ami „szerencséje" (vagy „szerencsétlensége" volt, attól függően, hogy ki melyik oldalon áll) –, Mayer Amschel Rothschild élete végéig egy ismeretlen zálogházas, rongy- és csontkereskedő maradt volna. Nem volt szüksége arra, hogy zsidónak vallja magát, amire büszke volt, és Mayer Amschel soha nem is próbálta elrejteni származását. Éppen ellenkezőleg, büszke volt rá, még a frankfurti zsidók elleni könyörtelen ellenzék ellenére is, amely kiterjedt Európa minden nemzetére.

Anglia, a történelem szerint a leg„civilizáltabb" európai nemzet, különösen hevesen ellenezte a zsidókat. Még vezető személyiségei, a művelt emberek sem riadtak vissza attól, hogy a legkevésbé sem hízelgő kifejezésekkel illették a zsidókat.

Például Lord Gladstone gyakran utalt Disraelire, a Rothschildok „komornyikjára", mint „arra az undorító zsidóra", Gladstone életrajzírója, Edward Freeman szerint. Wilberforce püspök Disraelit „keleti zsidónak" nevezte, nem éppen hízelgő módon.

Bismarck „a héber varázslónak" nevezte, Carlyle pedig „az abszurd zsidó fiúnak" címkézte.

Ezeket a példákat azért említem, hogy bemutassam, milyen hatalmas akadályokkal kellett szembenézniük a zsidóknak, még azoknak is, akik képzettek voltak, és a 18. és 19. századi üzleti és pénzügyi világban törekedtek a hatalomra. Egyes történészek és írók azzal vádolják a Rothschildokat, hogy kitalálták a történelmüket és eredményeiket, hogy hatalomra jussanak. Lenyűgöző jelenlétük hatalmas változást hozott a történelemben, és joggal állítható, hogy az európai nemzetek politikai és gazdasági életének egyetlen jelentős eseménye sem maradt ki valamilyen formában vagy valahol a Rothschildok részvétele nélkül, még ha mélyen rejtve és bármilyen közvetett is volt az.

Sokak szemében a Rothschildok mindig hatalmas vagyonhoz fognak kapcsolódni, de a vagyon által biztosított hatalom nem kapja meg azt a figyelmet, amit megérdemelne. A Rothschildok ugyanis nem azért kerestek hatalmas vagyont, hogy kényelmes életet élhessenek. A vagyont azért keresték, hogy az révén ellenőrzésük alá vonhassák az összes nemzet vezető hatalmi szereplőit, akik révén a mai napig is gyakorolják a nemzetek feletti ellenőrzést. A Rothschildok nem vákuumban éltek; inkább milliók életére voltak hatással. Lionel Rothschild szeretett magáról úgy gondolni, hogy egyedülálló, és talán ez igaz is. Igaz, hogy testvéreihez hasonlóan ő is egyedülállóan gazdag volt, de azt, hogy mennyire gazdag, soha nem hozták nyilvánosságra. Egy dolog azonban nem igaz: a Rothschildok nem a környékbeli országok pénznemének inflációjából szereztek vagyont. Nincsenek valódi mércéi annak, hogy megismerjük a Rothschild-család tagjainak valódi jellemét, és azt, mi vezette őket a pénz iránti megszállottsághoz és a hatalom iránti kielégíthetetlen vágyhoz.

Jórészt csak találgatni tudunk, mi zajlott ennek a hatalmas családnak a fejében, akik elhatározták, hogy Európa, Nagy-Britannia, sőt a világ rejtett uralkodóivá válnak. Nem segítette őket a jó megjelenés vagy a kellemes beszédmód, mint az ír nép természetes tulajdonságai. Éppen ellenkezőleg, minden beszámoló szerint kifejezetten csúnya külsejűek és durva modorúak voltak. Meyer Amschel torokhangú frankfurti jiddis nyelven beszélt, amely a lengyel és a német keveréke volt, héber kifejezésekkel tarkítva.

A gyermekeinek nyújtott oktatás nem terjedt túl az általuk látogatott kezdetleges zsinagógai iskolán. Az intellektualizmus egyébként is tilos volt a frankfurti zsidók számára, akik nem vehettek részt az Európát elárasztó felvilágosodás korszakában.

Mayer Amschel hű maradt a Talmud tanításaihoz, tisztelte annak minden hagyományát, és gyermekeit is erre tanította. Miután hírnévre és vagyonra tett szert, semmiben sem változtatott életmódján. A ruhákat, amelyeket ő és fiai viseltek, gyakran addig hordták, amíg el nem kopottak.

A British Museumban található számos újságcikkben és dokumentumban nagyon kegyetlen utalások találhatók erre a tényre, némelyikük rendkívül becsmérlő. Cherep-Spiridovich egyik beszámolójában azt állítja, hogy Mayer Amschel soha nem cserélte az alsóneműjét, és ugyanazokat a ruhákat viselte, „amíg le nem estek róla". Olyan írók, mint John Reeves, Demachy és Spiridovich arra a következtetésre jutnak – utóbbi szavaival élve –, hogy

> „ennek a baljós és végzetes családnak a politikai tevékenységeihez köthető az 1770 óta a nemzeteket ért vérontások és csapások legalább fele".

Mások, mint például a *Chicago Tribune* szerkesztője, aki tudta, hogy valami folyik, de nem tudta pontosan megfogalmazni, 1922. július 22-én így írt:

> Politikusaink gyerekek az övékhez képest. A világpolitika élvonalában való helyet újra és újra felajánlják nekünk. Az ölembe dobják, és mi puszta ostobaságunkból elutasítjuk.

A kérdés az: „Mi utasítottuk-e el, vagy valami rejtett erő akadályozott meg minket abban, hogy megragadjuk a kezdeményezést?" Nietzsche, a német filozófus *A nap hajnalában című* művében így írt:

> Az egyik látványosság, amelynek tanúi lehetünk a következő században, a zsidók sorsáról szóló döntés. Ma már teljesen nyilvánvaló, hogy eldobták a kockát és átlépték a Rubikont; az egyetlen dolog, ami számukra marad, az, hogy vagy Európa urai lesznek, vagy elveszítik Európát, ahogyan egykor elveszítették Egyiptomot, ahol hasonló alternatívákkal szembesültek... Európa egy napon érett

> gyümölcs módjára a kezükbe hullhat, ha nem ragadják meg túl mohón.

Azok, akik Nietzsche-t kutatták, azt mondják, hogy ő a Rothschildokra utalt, de nem találtam bizonyítékot ennek alátámasztására, bár ez illeszkedne a híres család mintájához.

Sok titkuk teljesen rejtve maradt, és talán soha nem is derül ki. Az ilyen titkolózás miatti frusztrációt a francia államférfi, Lamartine szavai fejezik ki:

> Mindenféle igát meg akarunk törni, de van egy, amely láthatatlan, mégis nyomja a vállunkat. Honnan jön? Hol van? Senki sem tudja, vagy legalábbis senki sem mondja el. A társulás még számunkra, a titkos társaságok veteránjainak is titkos.

G. Hanotoux francia külügyminiszter 1878-ban így írt erről a rejtett kézről, mint

> „a politikát irányító és a diplomácia kártyáit összekeverő rejtélyes erőről".

Ezeknek a rejtélyeknek a nagy részét Disraeli tisztázta regényében, *a Coningsby*-ben, amely nem más volt, mint a Rothschildok tetteinek alig leplezett leírása. Disraelinek sok tényt fikciónak kellett álcáznia a -ban, nehogy az emberek haragja kitörjön a benne szereplő leleplezések miatt. „Sidonia" kétségtelenül Lionel Rothschild volt, Coningsby pedig tetteinek fiktív leírása:

Tizenkilenc éves korában Sidonia, aki akkor Nápolyban élt nagybátyjánál, hosszabb látogatást tett apja egy másik rokonánál Frankfurtban. Sidonia két évet töltött Párizs és Nápoly között. Lehetetlen volt áttörni a falán. Őszintesége szigorúan a felszínre korlátozódott. Mindent megfigyelt, bár túlságosan óvatos volt, de elkerülte a komoly beszélgetéseket. Szeretet nélküli ember volt.

Karl Rothschild Nápolyban élt, Mayer Amschel pedig

Frankfurtban, így nem nehéz arra a következtetésre jutni, hogy „Sidonia" Lionel Rothschild volt, és ebből kiindulva Coningsby művéből kapjuk a Rothschildokról és hatalomra jutásukról szóló egyik legjobb és legpontosabb, részletes leírást, amit valaha írtak.

Magyarázó megjegyzés

Kérjük, vegye figyelembe, hogy a források és hivatkozások a szövegben szerepelnek. Úgy éreztem, hogy ez megkönnyíti a hivatkozást, és elkerüli azt, hogy egy külön jegyzetlistát kelljen átkutatni, ami megszakítaná a folytonosságot.

Ezzel több viktoriánus kori szerző módszerét és stílusát követtem, akik ezt tartották a legjobb megoldásnak a narráció folytatásához anélkül, hogy meg kellene állniuk, hogy megkeressék az adott forrást. Remélem, hogy Ön is könnyebben követhetőnek találja ezt a módszert, mint a hagyományosat.

Még egy fontos pont: szeretném, ha egyértelmű lenne, hogy ezt a művet nem szabad és nem is lehet „zsidóellenesnek" vagy „antiszemitának" értelmezni. Nem az. Inkább egy olyan családról szóló tényszerű beszámoló, akik véletlenül zsidók voltak, és akik maguk sem titkolták ezt. Másképp írni olyan lenne, mintha megpróbálnánk beszámolót írni Chaka zulu királyról anélkül, hogy megemlítenénk, hogy Chaka fekete-afrikai király volt.

1. FEJEZET

Hogyan lett egy rongy- és csontkereskedő a világ egyik leggazdagabb embere

Valószínűleg nincs olyan név a nemzetközi banki világban, amely olyan jól ismert lenne, mint a Rothschild név, és mégis olyan keveset tudunk ennek a családnak a valódi történetéről. Sok legenda, mítosz és fantáziadús mese kering róluk, de nem sokat tudunk ennek a családnak a valódi jelleméről, amely megváltoztatta a történelem menetét, és amely államférfiakat, királyokat, hercegeket és püspököket vásárolt és adott el, mintha azok csupán árucikkek lennének, amelyeket el lehet dobni, mint a kopott cipőket és a régi ruhákat, miután betöltötték a céljukat. Azt mondják, hogy a család forradalmakat, háborúkat és felfordulásokat okozott, amelyek örökre megváltoztatták Európa, a Távol-Kelet és az Egyesült Államok arculatát. E könyv célja, hogy feltárja a Rothschildok történetét, és megismerje, mi volt a tervük a világgal. A Rothschildok zsidók, ezt a tényt soha nem próbálták elrejteni vagy lekicsinyelni.

A történelem során, az ókori Indiától Babilonon át Palesztináig, a pénzügyek mindig is elsősorban a zsidók kereskedelmének tárgyát képezték. A frankfurti, londoni, new yorki és hongkongi pénzpiacokon a zsidó pénzemberek domináltak.

1917-re már az egész világon jelen voltak. A londoni, párizsi és new yorki tőzsdéken a zsidó brókerek jelentik az üzletág gerincét. A nemesfémek, gyémántok és devizák világszintű forgalma mindig is zsidó kézben volt. Ezeket a tényeket pusztán tényként közöljük, és semmiféle becsmérlő következtetést nem kívánunk belőlük levonni. Ezt maguk a zsidók is elismerik.

Amikor 1910-ben Nagy-Britannia háborúra készült Németország ellen, a nemzetközi zsidó pénzemberek kulcsfontosságú helyeken állomásoztak, és a világszerte működő nemzetközi pénzügyi hálózat élén a Rothschildok és társult bankházaik álltak. Franciaországban Rothschild, Fould, Camondo, Pereira és Bischoffheim; Németországban Rothschild, Warschauer, Mendelssohn, Bleichroder; Angliában Sassoon, Stern, Rothschild és Montague; ~ a Távol-Keleten Sassoon; Oroszországban Gunzburg; az Egyesült Államokban J.P. Morgan, Kuhn Loeb and Co., Seligman and Co., Speyer and Co., Warburg és Lazard Freres.

Mindenekelőtt a Rothschild-ház árnyékolta be és háttérbe szorította őket. A Rothschildok kritikusai azt állítják, hogy Morgan és Kuhn Loeb csupán a Rothschildok fedőcégei voltak, és hogy az összes híres bankház kapcsolatban állt a Rothschild-bankokkal.

Ezek a bankházak sok vihart átvészeltek a spekulációval szembeni óvatos hozzáállásuknak, valamint a Rothschildokkal és egymással fennálló szoros testvériségüknek és rokonságuknak köszönhetően. A Rothschild-ház alapítója Mayer Anselm Bauer (Rothschild) volt, Anselm Moses Bauer, egy frankfurti kereskedő fia. Az apa új és használt árukat, valamint régi érméket árult, és zálogházként működött egy vörös pajzs jelzése alatt, amelyből a Rothschild név – németül vörös pajzs – alakult ki. A Rothschild lett az örökbefogadott és hivatalos családnevük. Az üzlet a Judenstrasse-n, szó szerint a „Zsidó utcán" volt, egy frankfurti gettóban, ahol körülbelül 550 család élt.

Mayer Amschel (Rothschild) 1743-ban született. A család generációk óta Frankfurtban élt, sőt a British Museumban található feljegyzés szerint a 16. század elejére nyúlik vissza a család története. A 18. századra már meglehetősen nagy csoportot alkottak.

Húsz ősét azonosítottam Mayer Amschelnek, aki három fiú közül a legidősebb volt, és akinek szülei pénzkereskedelemmel foglalkoztak, mind vétellel, mind eladással, amiben ő tízéves korától segédkezett. A kis vállalkozás valójában egy típusú külföldi pénzváltó volt, mivel abban az időben Németország 350 fejedelemségből állt, amelyek mindegyike saját pénznemmel rendelkezett.

Úgy tűnik, tilos volt számukra azoknak a szakmáknak a gyakorlása, amelyek Frankfurtban minden nem zsidó számára nyitva álltak. Kétségtelen, hogy a zsidók mindenféle korlátozásnak voltak kitéve, amelyek közül néhány meglehetősen igazságtalan volt. A családi otthon egy gótikus stílusú faház volt, ahol Mayer Amschel édesanyjával, édesapjával és három testvérével élt 1775-ig, amikor hatalmas himlőjárvány söpört végig Európán, és elvette Mayer mindkét szülőjének életét. Mayer rokonai beíratták a furti rabbiiskolába. De nem volt türelme és kedve a képesítés megszerzéséhez szükséges hosszú tanulmányokhoz, és három év után, tizenhárom évesen, Mayer Amschel önálló életet kezdett.

Csak csodálni lehet azt a bátorságot, amelyre egy ilyen fiatalnak szüksége volt ahhoz, hogy ilyen lépést tegyen. A fiatalember Hannoverbe ment, ahol egy kicsi, jelentéktelen „jótékonysági" állást kapott az Oppenheimer-ház bankjában, ahol érkezése után hat hónappal gyakornokká léptették elő. Nem tartott sokáig, mire rájött, hogy a banki karrierhez az egyik vezető fejedelem védelmére van szükség. Hat év után elhagyta Hannovert, és visszatért Frankfurtba, ahol 1770-ben feleségül vette Gudule Schnapper-t.

Mayer és Gudule (Gutta) egy üzlet feletti emeleten laktak, ahol Mayer apja nyomdokaiba lépve új és használt árukat vásárolt és adott el. Sok tárgyat, például képeket és bútorokat, a járdán állítottak ki. Ez volt az otthona, a kiindulópontja a „bankárbáróknak", akik később a világ pénzügyeit, valamint a nagy vezetőket, államférfiakat és királyokat irányították. Gudule öt fiút szült Mayernek. Az öt fiúval folytatott beszélgetések mindig egy „koszos faasztal" körül zajlottak – ezt a leírást Spiridovich adja az Unrevealed in History című művében –, ahol a család összegyűlt étkezni és beszélgetni.

A pénzügyi világ felosztása a fiúk között az egyik kedvenc beszélgetési téma volt. Apjuk„ Károly császár négy unokájáról beszélt, arról, hogyan uralták a világot a római császárok, és a fiaival kapcsolatos elképzeléseiről. Öt lányát soha nem vonták be az ilyen beszélgetésekbe.

Károly Nagy (771–814) tipikus német volt, több mint 180 cm magas, kiváló sportoló, aki görögül és latinul is beszélt. A frankok királya volt, majd 800–814 között Róma császára lett. Március Amschel azonban, annak ellenére, hogy tisztelte Károlyt, heves gyűlöletet esküdött minden „római" dolog iránt, amit későbbi éveiben „a bolsevizmus nagy ellenségének" nevezett, Sir Alfred Mond szerint a World Battle of the Jews című művében. Samuel Gompers a The Chicago Tribune 1922. május 1-jei számában a bolsevizmusról, Március Amschelre hivatkozva így írt:

> Semmi sem jelentene a civilizáció szükségtelenebb és aljasabb elárulását, mint a bolsevik zsarnokság elismerése. A német és angol-amerikai bankárok politikája a legveszélyesebb elem a bolsevik törekvések egész láncolatában. A bolsevikok pénzeszközei millió dollárokra rúgtak.

Mayer által tanúsított gyűlölet abból fakadhatott, hogy 1762 óta Frankfurt am Main volt a Német-római Birodalom császárainak megválasztásának és koronázásának helyszíne, amit Mayer Amschel utált, mert tudta, hogy a katolikus egyház a bolsevikok könyörtelen ellensége. Egyes történészek szerint gyűlölete Oroszország felé irányult, mert az volt Európa legnagyobb keresztény nemzete, és több uralkodója alatt a zsidók sok megpróbáltatást és üldözést szenvedtek el.

Az asztalnál ülve Mayer mindig arra intette fiait, hogy vagyonukat tartsák a családon belül, és soha ne házasodjanak a családon kívülről. Elmagyarázta nekik a héber „neshek" törvényt, amely szó szerint „harapást" jelent, és a kamatra utal, valamint azt, hogy „ezt hogyan kell alkalmazni a héber népen kívül, és nem rájuk". A titoktartásnak elsődleges fontosságúnak kellett lennie; a családon kívül senki sem tudhatta meg, hogy mennyi pénzük van. John Reeves szerző szerint, aki könyvében, *a The Rothschilds: Financial Rulers of Nations* (A Rothschildok: a nemzetek pénzügyi uralkodói) című műben idézi MacGregort, a The Kahbalaha Unmasked (A Kabbala leplezetlenül) című könyv szerzőjét:

> Az öt fiú öt európai fővárosban kezdte meg üzleti tevékenységét, de egymással összhangban cselekedtek. A Rothschildok üzleti tevékenysége 1812 óta olyan hatalmas volt, és a család különböző tagjait összekötő szálak annyira összefonódtak, hogy azok kibogozása szinte reménytelennek tűnik. Az alapító sikere a világ zavaros helyzetének volt köszönhető. Mayer Amschel ugyanúgy a szerencse gyermeke volt, mint Napóleon.

Mayer Amschelnek öt fia és öt lánya volt:

Anselem Mayer, született 1773-ban, felesége Eva Hannau

Salomon Mayer, született 1774-ben, felesége Caroline Stern

Nathan Mayer, született 1777-ben, feleségül vette Hannah Levi Barnet Cohent 1806-ban

Karl, született 1788-ban, feleségül vette Adelaide Herzt

Jacob (James), született 1792-ben, feleségül vette unokahúgát, Betty-t, testvére, Salomon lányát, Anselem, legidősebb fia, megkapta azt a kiemelkedő megtiszteltetést, hogy a Porosz Királyi Kereskedelmi Titkos Tanács tagja, bajor konzul és udvari bankár lett.

Ma, amikor már nincsenek osztálykülönbségek, ez talán nem tűnik nagy dolognak, de az akkori merev kasztrendszer miatt egy „közember" számára lehetetlen volt ilyen pozíciókat betölteni, amelyeket mindig a nemesi osztályok számára tartottak fenn, és a zsidókat kifejezetten kizárták az ilyen magas tisztségekből. Salomon Mayernek valahogy sikerült bejutnia Metternich herceg, Ausztria tényleges uralkodójának legbelsőbb körébe.

Az öt lánya nem kapott részesedést az üzletből, és nem volt beleszólása annak irányításába sem, sőt, teljesen kizárták őket. Legtöbbjük „rendezett házasságban" ment férjhez.

John Reeves szerző szerint:

> A Rothschildok lépéseit gondosan figyelik, és azok a nyilvánosság számára ugyanolyan fontosak, mint bármely miniszterei. Egy lelkes érdeklődőt arról tájékoztattak, hogy lehetetlen felsorolni a család összes tagját, mivel nem létezik családfa. (*A Rothschild pénzügyi uralkodók*)

Halálos ágyán Mayer Amschel felolvasott a Talmudból, majd arra kényszerítette gyermekeit, hogy ünnepélyes esküt tegyenek arra, hogy mindig összetartanak, és soha nem vállalnak semmit külön-külön – ezt Cherep-Spiridovich gróf vezérőrnagy írja *A történelem titkai című művében,* valamint a londoni British Museumban őrzött dokumentumok is alátámasztják.

2. FEJEZET

Mayer Amschel és öt fia rendkívüli szerencsével találkozik a -ban

Az Oppenheimer Banknál Amschelnek rendkívüli szerencséje volt, hogy megismerkedett von Estorff báró altábornaggyal, aki a hesseni-kasseli tartománygróf legközelebbi arisztokrata barátja volt, egy rendkívül fontos család tagja, amelynek ősei több száz évre nyúlnak vissza.

Armstrong The Rothschild Money Trust című könyvében azt írja, hogy a tartománygróf IX. Vilmos volt:

> „Pénzügyi tanácsadója és ügynöke lett IX. Vilmosnak, a hesseni-kasseli tartománygrófnak."

A számos kitüntetéssel rendelkező történész, katona és író, Cherep-Spiridovich gróf ezt egyszerűen így írja le

> „Amschel a hesseni-kasseli tartománygróf menedzsere lett."

Azt mondják, hogy Mayer von Estorffnak nyújtott némi szolgáltatást az Oppenheim bank költségére, amelynek pontos részletei a mai napig nem ismertek.

A British Museumban végzett kutatásaim szerint az első lépést Wilhelm pénzügyi tanácsadója, egy bizonyos Karl Budurus tette meg:

> „Rothschild, aki hasonló ambíciókkal rendelkezett, rendkívül kitartó, türelmes és titoktartó volt, megegyezett vele, és úgy

> döntöttek, hogy kölcsönös segítségnyújtási megállapodást kötnek."

A kidolgozott terv részletei soha nem kerültek nyilvánosságra. Az 1905-ös és 1909-es *Zsidó Enciklopédia* X. kötete 499. oldala azonban némi fényt derít a kérdésre:

> Ezzel összefüggésben ő (Amschel) IX. Vilmos, a hesseni-kasseli tartománygróf ügynöke lett, aki apja halála után örökölte Európa legnagyobb magánvagyonát (becslések szerint 40 millió dollárt), amely főként abból származott, hogy csapatokat bérelt a brit kormánynak az Egyesült Államokban zajló forradalom leverésére...
>
> Az 1806. júniusi csata után a tartománygróf Dániába menekült, 600 000 fontot (körülbelül 3 000 000 dollárt) Mayer Rothschildnál hagyva megőrzésre. A legenda szerint ezt a pénzt boroshordókban rejtették el, és így elkerülte Napóleon katonáinak átkutatását, amikor azok bevonultak Frankfurtba, majd sértetlenül visszajuttatták a választófejedelemnek.
>
> A valóság kevésbé romantikus és inkább üzleti jellegű.

Az általam vizsgált dokumentumokból kiderül, hogy az „elektőr", ahogyan később ismerték, maga sem volt túl szigorú a kincstárába áramló pénz eredetét illetően. A hesseni zsoldosok voltak a fő üzleti tőkéje, akiket azoknak adta bérbe, akik a legtöbb pénzt fizették értük.

A hesseniak kidolgozták a szerződésüket az uralkodóval, amely egyértelművé tette, hogy a herceg nagy előleget kap a katonai műveletek megkezdésekor, amelyekre felbérelték őket. Ezt követően kiegészítő fizetést kellett adni a katonáknak, valamint extra juttatást a sebesülteknek, és a csatában elesettek esetében a fizetés háromszorosát. Ez a zsoldosoknak vagy eltartottjaiknak járt, nem pedig a hercegnek. Ráadásul a zsoldosok szerződése nem a béke kihirdetésével járt le, hanem csak egy teljes évvel a béke után, és csak akkor, ha a zsoldosok hazatértek.

A brit kormány volt a legnagyobb ügyfél, évente körülbelül 15 000–17 000 hesseni katonát „bérelt". Bár nincs közvetlen bizonyíték arra, hogy Amschel és Budurus voltak a következő terv szerzői, nagyon valószínűnek tűnik, hogy ők voltak azok. Ahelyett, hogy az átalányösszeget és a kifizetéseket Kasselbe, a herceg székhelyére küldték volna, a pénzt Angliában tartották meg, ahol befektették. Az ebből származó kamatot (, amelyet Amschel tárgyalt ki) váltókon fizették ki a tartománygrófnak. A Kasselbe ténylegesen átutalt pénzrészletet pedig arra használták fel, hogy más rászoruló fejedelmeknek magas kamatú kölcsönöket nyújtsanak. Ez hatalmas pénzmozgást eredményezett Kasselbe és onnan ki, jelentős jövedelmet biztosítva a tartománygrófnak, aki szövetségre lépett a Von Turn és Taxis családdal, amely egész Európában a postai monopóliumot birtokolta. A zsoldosok, akik a legtöbbet tettek a pénz megszerzéséért, semmit sem kaptak, csak a megígért összegeket, mivel nem voltak beavatva a hátaik mögött kötött „magán" mellékmegállapodásba.

A Von Thurn és Taxis hercegek (a 300-as Bizottság tagjai) örömmel vettek részt a zsákmányból cserébe azért, hogy a tartománygróf, majd később a Rothschildok hírszerző ügynökeiként működtek. Ezt úgy tették, hogy az utasításoknak megfelelően felbontották a fontos leveleket, elolvasták a tartalmukat, és tájékoztatták a tartománygrófot arról, amit láttak, majd az ő parancsára vagy felgyorsították, vagy késleltették a levelek kézbesítését a tartománygróf és Mayer Amschel javára – és adósuk kárára.

(A Von Thurn és Taxis családról további részleteket *a The Conspirators' Hierarchy, The Committee of 300,* 4·kiadás[című] műben találhat.)

Ezek a tények valóban messze állnak az Amschel kezdeteiről szóló romantikus elképzelésektől, és sokkal teljesebb képet adnak, mint bármi, ami korábban nyomtatásban megjelent. A kritikusok szerint a tények messze állnak az enciklopédiában sugalltaktól. Cherep-Spiridovich nyersen kijelenti, hogy a pénzt nem adták vissza a landgrófnak, hanem valójában Amschel ellopta. *A The Rothschild Money Trust* című műben Armstrong szerző kijelenti:

> A tények teljesen „kevésbé romantikusak". Mayer Amschel Rothschild sikkasztotta el a pénzt. Ez a pénz már eredetétől fogva szennyezett volt. A brit kormány fizette a landgrófnak a hesseni katonák szolgálatáért; az amerikai forradalom leverésére használták, és a katonák erkölcsileg jogosultak voltak rá. Először William of Hesse sikkasztotta el, majd Mayer Amschel. Ez a kétszer ellopott pénz képezi a hatalmas Rothschild-vagyon alapját. Azóta is hű maradt eredetéhez. A Rothschild család jelenlegi több százmilliárd dolláros vagyonában nincs egyetlen becsületesen szerzett dollár sem. Ahelyett, hogy a pénzt boroshordókba tette volna, Mayer Amschel Rothschild az egész összeget Londonba küldte fiának, Nathannek, aki ott megalapította a család londoni fiókját.

Valószínűleg ezt a pénzt használta Nathan az N. M. Rothschild and Sons családi bankház megnyitásához.

Armstrong így folytatta:

> Külső szolgálataiért Amschelt a Korona császári ügynökévé nevezték ki, egy címmel, amely lehetővé tette számára, hogy akadálytalanul utazzon. A Von Thurn és Taxis hercegekkel való „társulása" értékes „hírszerzési" információkat hozott, amelyek előnyt biztosítottak számára a vele versengő összes pénzverővel szemben. Nathan Rothschild ezt 800 000 000 aranyba (azaz ennyi értékben, nem pedig súlyban) fektette be a Kelet-indiai Társaságtól, tudva, hogy erre szükség lesz Wellington félszigeti hadjáratához.

Nem kevesebb, mint négy nyereséget realizált:

1. Wellington papírjainak eladásából, amelyeket 50 centért vett dolláronként, és névértéken szedett be.

2. Az arany eladásán Wellingtonnak.

3. Az arany visszavásárlásán.

4. Az arany Portugáliába szállításán.

Ez volt a nagy vagyon kezdete. Hogy egy még viszonylag ismeretlen banki alkalmazott hogyan tudta áthidalni a társadalmi korlátokat, amelyek elválasztották a két osztályt, az önmagában is egy klasszikus történet.

A British Museum dokumentumai szerint:

> … A herceg rendkívül kapzsi és fösvény volt, és nem nagyon törődött azzal, milyen eszközökkel gyarapítja az apjától, VIII. Vilmossal (a svéd király testvérétől) örökölt vagyonát. Frigyes, miután von Estorfftól hallott Amschel tehetségéről és gátlástalanságáról, érdeklődni kezdett egy „báb" (beállított személy) felkutatása iránt, akit kétes ügyleteihez vehetne igénybe.

Amschel szerény látszat mögé rejtette II. Frigyesszel való kapcsolatát, de kétségtelen, hogy a régi landgrófnál meglévő befolyását felhasználva milliókat szerzett, valamint politikai előrelépést is elérte. A hesseni landgróf ügynöke lett, és az első kormányzati kölcsönt 1802-ben intézte el, amikor a dán kormány tízmillió tallért vett fel kölcsön.

Bár akkoriban még nem volt ismert, a pénz a tartománygróf család hatalmas vagyonából származott.

Hogy elnyerje a kegyeit, Amschel azt mondta, hogy a nyereségéből juttatást ad II. Frigyesnek, de ezt soha nem tette meg. Ettől az üzlettől kezdve a Rothschildok sorsa a pénzügyi és hitelügyek történetének egyik legcsodálatosabb sikertörténetévé vált.

II. Frigyes utódja fia, IX. Vilmos lett, aki 1785-ben I. Vilmos választófejedelem lett. Ekkor Amschel már a néhai II. Frigyes

„pénzügyminisztere" volt, és a család minden titkát ismerte.

A két férfi azonnal jól kijött egymással. Mindketten 1743-ban születtek. Amschel eltitkolta valódi vagyonát I. Vilmos választófejedelem elől, mindig ugyanazokat a ruhákat viselte, és szegénynek tettette magát. Attól kezdve, hogy I. Vilmos választófejedelem vagyonának kezelője lett, Amschel vagyona nőtt, miközben munkáltatójaé csökkent. 1794-ben egy esemény történt, ami miatt I. Vilmos választófejedelem menekülni kényszerült. Ez akkor történt, amikor Hoche francia tábornok elfoglalta Koblenzt.

Félve attól, hogy a megszállás során kiderülnek korrupt gyakorlatai (valójában Amschel, a „báb" machinációi), I. Vilmos választófejedelem elmenekült, miután átruházta az irányítást Amschelre.

Ez a valódi története annak, hogyan jutottak a Rothschildok a pénzükhöz. Nem zálogkölcsönzéssel, okos spekulációval vagy bármely más, széles körben elfogadott, romantikusan hangzó mesével.

A fiúk zsenialitása a hesseni tartománygróf vagyonára vezethető vissza, és nem az öt testvér fantáziadús „zsenialitására"! Ez egy egyszerű és világos „átalakításos lopás" esete volt.

Mayer 1812. december 12-én halt meg Frankfurtban, örökségét öt fiának hagyta, öt lányának pedig kisebb összeget.

3. FEJEZET

A Rothschildok bejutnak

Az a mód, ahogyan Mayer vagyonának nagy részét öt fiának hagyta, és sokkal kevesebbet lányainak, jól jellemzi, hogy ő és ősei hogyan tekintettek a nőkre, mint a lánc gyenge láncszemére.

A nőket a családon belüli, üzleti célú házasságokhoz kellett felhasználni. Más szavakkal, a házasságokat az üzleti előnyök szem előtt tartásával kellett megkötni.

Mayer fejében nem volt helye a férfiak és nők „egyenlőségének". A mai, szocialisták által vezetett mozgalom a nők egyenlő jogaiért több mint száz évvel később jelent meg, és nagyrészt a nem zsidó nők egyenlő jogaira korlátozódott. Amschel felosztotta Európa nemzeteit, mint a kenyérszeleteket, és fiainak Németországot, Ausztriát, Nagy-Britanniát, Olaszországot és Franciaországot jelölte ki „területeiknek".

Később egyik rokonát, egy Schoeneberg nevű férfit küldte az Egyesült Államokba August Belmont álnéven. Ő lett az a rejtett kéz, amely titokban előmozdította a Federal Reserve létrehozását lehetővé tevő törvényjavaslatot.

A Rothschild-fiúk érdekeltsége a nemzetközi pénzügyek és banki tevékenység lett, és fiókokat nyitottak Európa főbb fővárosaiban, Párizsban, Nápolyban, Bécsben és Londonban, mindegyiket az öt fiú egyikének szoros felügyelete alatt, míg „Belmont" erőteljesen bekapcsolódott az amerikai banki és a Demokrata Párt politikájába. Viszonylag rövid idő alatt a Rothschildok képesek voltak egész Európát a befolyásuk alá vonni.

Megvásárolták a tisztviselőket, és barátságot kötöttek Európa uralkodóival és hercegeivel, miközben gondoskodtak arról, hogy senki ne kerülhessen be a családba. Amikor az egyik lányuk „szerelmi kapcsolatba" keveredett, azt kegyetlenül megszakították. A lánynak azt mondták, hogy a testvérek az házasságot üzleti ügynek tekintik, és hogy ők fogják elrendezni a házasságokat az üzleti érdekek szerint.

Csupán egy generációra volt szükség a tervezéshez, az intrikákhoz és a közvélemény manipulálásához ahhoz, hogy a Rothschildok nem csupán Európa ügyeiben, hanem a Távol-Keleten, majd később az Egyesült Államokban is a legnagyobb hatalommá és befolyássá váljanak. A rokoni házasságok a családot összetartó, szilárd egységgé kovácsolták. 1815-re Ausztria élen járt azzal, hogy az öt testvérnek örökletes „bárói" címet adományozott, amelyhez földbirtok is járt. Hírnevük, vagyonuk és hatalmuk villámgyors emelkedése lenyűgöző volt. Soha nem hoztak döntést és nem tettek lépéseket anélkül, hogy szorosan konzultáltak volna „kommunikációs ügynökükkel" és „belső információforrásukkal", a Von Thurn és Taxis családdal.

Ha a politikai hatalmi pozíciókat nem lehetett megszerezni, akkor megvásárolták őket. Mayer Amschel például, aki Frankfurtért felelt, megvásárolta a helyét a porosz Kereskedelmi Titkos Tanácsban. Ez egy olyan pozíció volt, amely a múltban csak a királyi család tagjainak volt nyitva, és sikere megrázta a porosz arisztokráciát, nagy riadalmat és felháborodást okozva.

A Bourbon-ház restaurációját követően (amelyben a Rothschildok nem kis szerepet játszottak) a testvérek közül a legfiatalabb, James (Jacob) engedélyt kapott a Rothschild-bank párizsi fiókjának létrehozására.

James hamar felismerte a vasutak fontosságát, számos új vonalat finanszírozott, és hatalmas vagyont szerzett. Milliókat kölcsönzött a mindig pazarló Bourbonoknak.

Nathan volt az öt testvér zsenije. A harmadik a sorban ő volt az, akire a többiek tanácsért fordultak. Amikor a testvérek úgy döntöttek, hogy Angliában telepednek le, Nathant Manchesterbe küldték, egy koszos északi ipari városba, nem pedig Londonba. Az ok az volt, hogy a Rothschildoknak fontos kereskedelmi terveik voltak az ottani szövetkereskedelemmel kapcsolatban, amelyet teljes mértékben ki akartak aknázni, mielőtt tevékenységüket Londonba költöztették volna. A brit hadsereg és haditengerészet egyenruháinak elkészítéséhez szükséges szövetek nagy része eredetileg Németországból származott. A Von Thurn és Taxis postai monopólium által biztosított „postai hírszerzésnek" köszönhetően a Rothschildok megtudták, hogy a Napóleonnal való háború küszöbön áll. Nathant gyorsan Németországba küldték, hogy felvásárolja az összes ilyen szövetkészletet.

Amikor a manchesteri gyártók szerződést kaptak a brit kormánytól a hadsereg és a haditengerészet egyenruháinak gyártására, ügynökeiket Németországba küldték, hogy biztosítsák a szükséges szövetkészleteket, ahogyan azt mindig is tették, csakhogy megtudták, hogy az összes termelést már eladták Nathan Rothschildnak, akitől most kénytelenek voltak vásárolni.

Amikor a hír eljutott Manchesterbe, heves felháborodás tört ki. Egy időben Nathan a biztonságáért is aggódott. Öt manchesteri év után, 1805-ben Nathan Londonba költözött.

Valójában a „menekült" kifejezés lenne a megfelelőbb, mivel kénytelen volt ezt tenni, amikor a nyilvánosság haragja az üzletei ellen egyre nőtt.

Nathan nagy sikerének egyik fő oka az volt, hogy rájött: a gyors kommunikáció a kulcs a versenytársak legyőzéséhez. A leggyorsabb lovasokat, hajókat, sőt postagalambokat is alkalmazott a kommunikációhoz. Lelkesen kutatta a „belső információkat", amelyeket eltitkolt versenytársai és a kormányok elől. Titkos ügynökei voltak Európa összes fővárosában.

Ez a hűséges csoport soha nem habozott éjjel-nappal lovagolni, télen és nyáron egyaránt. A legjobb fajtájú postagalambokat tartották, és a a leggyorsabb postahajókon utazott, néha az összes jegyet felvásárolva Franciaország és Anglia között, hogy kizárják a versenytársakat.

Nathan legfőbb szakértelmi elve az volt, hogy hatalmas kedvezménnyel vásárolt olyan állampapírokat, amelyek nemteljesítésbe kerültek, vagy hamarosan nemteljesítésbe kerültek volna. Megfelelő idő elteltével nagy nyomást gyakoroltak az érintett kormányokra, hogy az állampapírokat névértéken váltsák vissza, ami Nathannek hihetetlen nyereséget hozott. Így Európa kormányainak több mint fele pénzügyi ügynökévé vált. A múltban néhány nagyon neves személy kijelentette, hogy „a civilizáció 1790-ben véget ért", köztük H. G. Wells, a híres brit establishment-író, aki a *New York American*-ban (1924. július 27.) azt írta, hogy az emberi faj szellemi és erkölcsi fejlődése a 18. században véget ért.

Wells-t nagyra tartották a Rothschildok, akiknek tetszett a Nemzetek Szövetségéről alkotott elképzelése, amit Wells „világállamnak" nevezett, és amely szerinte elkerülhetetlen volt. Az Erlangerek 3000 dollárt adományoztak erre a célra, ahogyan N. M. Rothschild is.

George Bernard Shaw, az ír drámaíró, így szólt Hillaire Belloc-hoz: „Valami hatalmas dolog történt 1790-ben." Erről a *New York Times* így számolt be:

> Okunk van azt hinni, hogy a 18·század közepe és vége között kezdődött nagy forradalmi mozgalmakra utaltak, amikor 1779-ben Amschel Rothschild a Föld leggazdagabb embere, a hesseni-kasseli tartománygróf ura lett.

4. FEJEZET

Jerikó [Frankfurt] falai

Korábban már utaltam arra, hogy Frankfurtban, Németországban csupán ötszáz zsidó családnak volt engedélyezve a letelepedés. Az a módszer, ahogyan Mayer Amschel kezelte ezt a problémát, később védjegyévé vált. Napóleon fiának születésekor Dalberg frankfurti nagyherceg Párizsba akart utazni, hogy tiszteletét tegye, de egyetlen bank sem volt hajlandó kölcsönt adni neki az utazáshoz.

Az idős Amschel azonban meglátta a lehetőséget, hogy Dalberget adósságba hajtsa, és nyolcvanezer gulden kölcsönt adott neki öt százalékos kamatra. A nagyhercegre nem gyakoroltak nyomást a kölcsön visszafizetésére, amíg a kamatot fizette, ugyanakkor a Rothschildok nem kértek tőle olyan szívességet, amelyet a nagyherceg megtagadhatott volna vagy megtagadott volna.

Amschel és családja kiterjedt csempésztevékenységet folytatott, dacolva a franciák Anglia elleni bojkottjával, amiből a Rothschildok hatalmas pénzt kerestek. A gyanú Amschelre terelődött, és 1809 májusára razziát szerveztek.

Dalberg, aki soha nem hagyott ki egy alkalmat sem, hogy kedvező kamatokkal pénzt kölcsönkérjen Amscheltől, von Eitzlein rendőrfőnökön keresztül figyelmeztette őt a közelgő razziára.

Hevesen lázba jöttek, és a csempészárut és a terhelő dokumentumokat megbízható barátoknál helyezték el, így amikor Savagner, a felügyelője és emberei megérkeztek, az idős Mayer Amschelt ágyban találták, és a házkutatás során semmit sem találtak, ami terhelő lett volna. Bár Napóleon kereskedelmi bojkottjának felügyelői üres kézzel távoztak, Amschelt mégis 20 000 frankra bírságolták, ami csupán csekély összeg volt, de így elkerülte a börtönt, ami bekövetkezett volna, ha a felügyelők felfedezik a csempészárut.

Amikor a felfordulás lecsillapodott, Amschel a frankfurti zsidó családok számának korlátozásával kapcsolatos problémát vette kezelésbe. Felkereste Dalberget, aki még mindig tartozott neki a kölcsön tőkéjével.

A törvény szerint minden zsidó családnak évi 22 000 gulden díjat kellett fizetnie azért, hogy a városban maradjon. Amschel és egyik társa, egy bizonyos Gumprecht, rábeszélte a nagyherceget, hogy fogadjon el egy egyszeri összeget, amely a zsidóknak polgári jogokat biztosítana Frankfurtban – pontosan azt, amit a keresztény többség annyira ellenezett. Ennél is tovább ment Amschel: nemcsak egyenlő állampolgárságot követelt, hanem azt is, hogy a zsidók saját irányító testületeket és tanácsokat hozzanak létre.

A kapzsi Dalberg azt követelte, hogy az Amschel által javasolt egyszeri összeg a teljes éves díj húszszorosát tegye ki.

Amschel és barátai 294 000 gulden készpénzzel és a fennmaradó összeget névre szóló kötvényekkel teljesítették a követelést.

A megállapodást és a feltételeket megerősítő, a nagyhercegnek címzett levelében Amschel bebizonyította, hogy amikor alázatos, alázatos viselkedésre volt szükség, ő volt a mestere ennek a művészetnek:

> Ha én lehetek a jó hír hírnöke, amint azt Őkirályi Felsége, a mi legkiválóbb Urunk és Nagyhercegünk jóváhagyással aláírta, és tájékoztathatom népemet nagy örömükről, Ön kegyesen értesít majd erről postai úton, bevallom, hogy

visszaélek jóságával és kegyelmével, de nem kétlem, hogy Felségednek és tiszteletreméltó családjának nagy mennyei jutalom vár, és sok boldogságot és áldást fognak kapni, mert valójában egész frankfurti zsidóságunk, ha megkapja az egyenlő jogokat, nagy örömmel és élvezettel fogja megfizetni az összes adót, amit a polgároknak fizetniük kell.

Figyeljük meg, hogy Amschel milyen bátran állította, hogy a frankfurti zsidók külön nemzetet alkotnak. A megállapodás elfogadása egy ideig elhúzódott, de amikor végre elfogadták, Amschel azonnal bejelentette az Izraelita Vallási Közösség Vezető Testületének létrehozását, amelynek első elnöke von Eitzlein (egy zsidó) lett, talán azért, mert 1809 májusában figyelmeztette Amschelt a tervezett csempészáru-rajtaütésre. A szenátus és a keresztények dühösek voltak, és azonnal támadták a megállapodást, mondván, hogy különleges kiváltságokat biztosít a zsidóknak.

Gyorsan terjedtek a pletykák, miszerint Dalberg jelentős összegű fizetséget kapott, amit nem hozott nyilvánosságra. A Dalberg és a zsidók elleni ellenszenv tetőfokára hágott. A levegő tele volt vádakkal, miszerint egyenlő jogokért cserébe kenőpénzt fogadtak el. Napóleon bukásával Dalberget leváltották, és helyére a hesseni von Hugel báró lépett.

Amschel nem félt Ausztriától vagy Poroszországtól, a kormányokat a tenyerén tartotta, de attól tartott, hogy amikor a bécsi kongresszus 1814-ben dönt Frankfurt státuszáról, a Dalberg-megállapodást nem fogják tiszteletben tartani. Jacob Baruchot és egy bizonyos Gompers nevű személyt küldte képviselőiként, de a bécsi rendőrség forradalmárokként megfigyelés alatt tartotta őket, és kiutasításukat rendelte el.

Metternich herceg azonban, akit Nathan Rothschild teremtett, éppúgy, ahogy Adam Weishaupt, Napóleon, Disraeli és Bismarck is mind csupán a Rothschildok bábjai (vagy „szolgái") voltak, visszavonta a parancsot. A megvesztegetés és a korrupció meglehetősen nyíltan folyt.

Humboldnak három gyönyörű, vagyonokat érő smaragdgyűrűt és négyezer dukátot ajánlottak fel, amit ő elutasított.

Metternich titkára, Frederick von Gentz azonban elfogadta a felajánlott kenőpénzt, és attól kezdve örökre a Rothschildok számára rendkívül értékes csatornává vált a hatalmas osztrák nemesség és a politikai vezetők felé.

Amikor a kongresszushoz eljutott a hír, hogy Napóleon szent-helénai száműzetéséből visszatért francia földre, a „zsidókérdést" félre kellett tenni. A bécsi kongresszus volt az első olyan világkonferencia, amelyet a nemzetközi bankárok uraltak, és a Rothschildok nagyon nagy mértékben hozzájárultak ahhoz, hogy a bankárok ellenőrzésük alá vonják a meghozott döntéseket.

5. FEJEZET

A Rothschildok kifosztják

Buol-Schauenstein gróf, Ausztria képviselője felháborodott a Dalberg-Rothschild-megállapodáson a frankfurti zsidókkal:

> A kereskedelem továbbra is az egyetlen megélhetési forrás, amelyet a zsidók választanak. Ez a nemzet, amely soha nem olvad össze másokkal, hanem mindig összetart, hogy saját céljait kövesse, hamarosan beárnyékolja a keresztény cégeket; és a népességük rettenetesen gyors növekedésével hamarosan elterjednek az egész városban, így fokozatosan egy zsidó kereskedőváros fog kialakulni tiszteletreméltó katedrálisunk mellett.

Jelentős időt töltöttem a British Museumban olyan dokumentumok kutatásával, amelyek bármilyen formában utaltak a családra, hogy felkészüljek a Rothschild-dinasztia felemelkedéséről szóló írásomra, amelynek nagy része ebből a forrásból származik. James báró kiemelkedő személyiséggé vált. A királyok és a miniszterek kénytelenek voltak számolni vele, és ezt azzal indokolta, hogy 520 millió frankos kölcsönt nyújtott a Restauráció kormányának, amelynek a forradalom és a császárság nagy háborúi után szüksége volt a pénzre. Toussenel *a Juifs roi de l'Époque* című művében így írt:

> A végzetes 1815-ös évet tekinthetjük az új hatalom korszakának; bár már ezt megelőzően is a bankárok koalíciója, akik nagy felháborodást keltettek a moszkvai és a waterlooi hadjárat során – ezeket a zsidók beavatkozásának kell tekinteni a mi (francia) nemzeti ügyeinkbe… 1815-ben Franciaországot 1,5 milliárd frank háborús kártérítés

> fizetésére ítélték, és így a frankfurti, londoni és bécsi nemzetközi pénzemberek prédájává vált, akik egységesen kihasználták a ország szerencsétlenségét. James Rothschild minden 100 frankos állampapírért csupán 50 frankot fizetett, és 5 frankot kapott kamatként, ami a kölcsönzött pénz tíz százalékát jelentette, és a következő évben a tőke kétszeresére kezdett visszatérni. James a királyok hitelezője lett. Ez hozzáadódott a tőzsdei spekulációihoz, ahol képes volt befolyásolni a részvények emelkedését és esését, és a báró bevételeit milliókra duzzasztotta.
>
> 1815 és 1830 között a Rothschildok egyszerűen kifosztották az öt nagyhatalmat: Angliát, Oroszországot, Franciaországot, Ausztriát és Poroszországot. Így Poroszország 5 millió font sterling értékű, 5%-os kamatozású kölcsönt vett fel, de államkötvényeiért csak 3,5 milliót, azaz 70%-ot kapott, ami a tényleges kamatlábat 7% fölé emelte. De a lényeg az volt, hogy a kötvényeket néhány éven belül 100%-os értéken kellett visszaváltani.
>
> A Rothschildok 1 500 000 font sterling nyereséget realizáltak, a kamatokon felül. 1823-ban James felvette a teljes francia kölcsönt.

Werner Sombart professzor *A zsidók és a modern kapitalizmus* című művében így ír:

> Az 1820-tól kezdődő időszak a Rothschildok korszakává vált, így a század közepére már közmondássá vált, hogy Európában csak egy hatalom létezik, és az a Rothschildok.

Mint korábban már kifejtettük, Disraeli *Coningsby* című regénye alig leplezett beszámoló volt Nathan Rothschild II. életéről, és rendkívül sokat elárult:

> Apja [Nathan Rothschild] a legtöbb fővárosban letelepített egy testvérét. Itt ő volt a világ pénzpiacainak ura és parancsolója, és természetesen gyakorlatilag minden másnak is. Szó szerint zálogban tartotta Dél-Olaszország bevételeit [

-i Karl Rothschildon keresztül Nápolyban], és minden ország uralkodói és miniszterei keresték a tanácsát, és az ő javaslatai alapján cselekedtek. Sidonia [Lionel] két évet töltött Párizs és Nápoly között. Sidoniának nincs szíve; ő egy érzelmek nélküli ember.

Ezt a művet Nathan Rothschild diktálta Disraelinek, és regényként adták ki, de nincs pontosabb történelem a Rothschildokról, mint ez. Ki volt Disraeli?

A La Vieille France N-216-ban Bismarck azt mondta, hogy Disraeli csupán a Rothschildok eszköze volt, és hogy Disraeli és a Rothschildok fogalmazták meg azt a tervet, amelynek célja az Egyesült Államok felbomlasztása egy hatalmas polgárháború révén. Disraeli csupán az egyik teremtményük volt, akit a ismeretlenségből a hírnévbe emeltek. Nagyapja, Benjamin D'Israeli 1748-ban érkezett Angliába. Fia, Isaac D'Israeli 1766-ban született, és hamarosan bolsevik lett. Az egyik műve *a Kereskedés ellen* címet viselte.

Apjáról Disraeli így írt: „Művelt emberekkel élt együtt." Ezek a művelt emberek Nathan Rothschild és környéke voltak. Mellesleg az „El-Israeli" (D'israeli?) egy török eredetű arab név, amelyet a Közel-Keleten a zsidó származású emberek megjelölésére használnak. Valószínű, hogy apja családja Törökországból érkezett Olaszországba, és nagy valószínűséggel Anconában vagy Centóban telepedett le. Isaac az írással foglalkozott, és mint sok kutató előtte, ő is gyakran járt a British Museumban.

Szalmakalapok, márvány és timsó importőre is volt, de Isaac az írásra vágyott.

1788-ban apja Franciaországba, Olaszországba és Németországba küldte tanulni. 1789-ben tért vissza Angliába, és megírta *a The Curiosities of Literature* című *művet*, amelyet a szocialista John Murray adott ki. A mű irodalmi sikert aratott, és tizenhárom kiadást ért meg.

Benjamin valószínűleg apjától örökölte írói tehetségét. 1804-ben született egy közepes jómódú családba, a zsidó szokásnak megfelelően a nyolcadik napon körülmetélték, és zsidó hitben nevelkedett. Bár büszke volt rá, okunk van azt hinni, hogy már korán tudta, hogy a közhivatalok tekintetében „zsidósága" hátrányt jelent majd, mert abban az időben Angliában a zsidókat vallásuk miatt kizárták a politikai pártokból.

De Nathan Rothschild utasítására 1817. július 31-én, tizenhárom éves korában Benjamint kereszténynek keresztelték, hogy be tudjon hatolni az angol társadalomba és a politikai életbe, amely akkoriban a Test Acts törvények miatt zárva volt a zsidók előtt. Nathan Rothschild utasítása az volt, hogy törje le a zsidókkal szembeni minden akadályt.

Egyszer azt mondta Lord Melbourne-nek, a belügyminiszternek: „Én leszek Anglia miniszterelnöke", amit Melbourne fantáziadúsnak és lehetetlennek tartott. Természetesen Melbourne akkor még nem tudott Disraeli „Rothschild" kapcsolatairól. De először is, a szükséges finanszírozást valahonnan elő kellett teremtenie. Huszonkét évesen elkezdett „spekulálni" a tőzsdén, ami egy olyan ember számára, aki mindig pénz nélkül volt, rendkívül valószínűtlen foglalkozásnak tűnt.

Egy bizonyos Thomas Jones – valószínűleg álnév – kezdetben kétezer fonttal állt elő, majd a tétet kilencezer fontra emelte – ami akkoriban hatalmas összeg volt ahhoz, hogy egy tapasztalatlan, pénztelen íróba fektessék be! Nem kell nagy fantázia ahhoz, hogy arra a következtetésre jussunk, hogy „Thomas Jones" valójában Nathan Rothschild volt.

Ahogyan Napóleon I., Bismarck, Metternich, Soult marsall (aki Waterloo-nál elárulta Napóleont), Karl Marx, Bombelles, Lassalle, Hertz, Kerenszkij és Trockij életrajzírói esetében is, Disraeli, egy korábban jelentéktelen személyiség iránti dicséret is bőséges volt. J.G. Lockhart, Sir Walter Scott veje, elragadtatva írta 1825-ben:

> Őszintén mondhatom, hogy soha nem találkoztam ennél ígéretesebb fiatalemberrel. Tudós, szorgalmas tanuló, mély gondolkodó, nagy energiájú, kitartó, fáradhatatlanul szorgalmas és teljes értékű üzletember. Az emberi természet ismerete és minden gondolatának gyakorlatias jellege gyakran meglepett egy olyan fiatalembertől, aki alig lépte át a húszadik életévét.

Egy másik elragadtatott barát így írt:

> Nem volt rangja, nem voltak fontos barátai, nem volt vagyona, de tehetséges tudós volt, aki merész elképzeléseivel és ragyogó sikereivel elkápráztatta a felső tízezer tagjait. Rendkívüli önbizalommal rendelkezett, ami gyakorlatilag zsenialitásnak minősül. Soha nem mutatta jelét a csüggedésnek. Természetesen!

Nathan Rothschild támogatásával a világ a lábai előtt hevert. Bárcsak átírhatnánk a történelmet!

> Az angol arisztokráciát nem pusztította el a „francia" forradalom, és továbbra is könyörtelenül ellenezték a zsidókat, amíg Disraeli a Rothschildok nevében legyőzte őket. Disraeli volt a trójai faló, aki beépült az angol társadalom és a politikai elit szívébe.
>
> (*Cserép-Spiridovics gróf és a British Museum iratai*)

1922 decemberében a *brit Guardian* közzétett egy cikket Dr. John Clarke tollából, amelyet érdemes idézni:

> És hogy ez a hatalmas cég [a Rothschildok] hogyan irányítja a francia és az angol kormányt egyaránt, az két közelmúltbeli eseményből is kiderül. A francia követség titkára, M. Thierry néhány hónappal ezelőtt a londoni nagykövetségen feleségül vette a Rothschild-klánhoz tartozó zsidó nőt. És most Bonar Law [a brit miniszterelnök, aki megígérte, hogy Disraeli politikáját követi] új „konzervatív"

> kormányának rejtett mentorai rávették, hogy Párizsba nagykövetként küldjön egy nem diplomata „liberálist", Crewe márkinőt, akinek felesége Hannah Rothschild, Roseberry grófnő lánya. Itt van a francia–brit Entente tényleges alapja – az „R.F.", azaz Rothschild Frères, a Rothschild fivérek, lefedik a Brit Birodalmat, a Francia Köztársaságot és a legtöbb más köztársaságot és királyságot Moszkva, Angora és Washington között.

Ki nyitotta meg az utat az angol politikai színtér ilyen megdöbbentő változásai előtt? Disraeli volt az, aki „irányította" Bonar Law miniszterelnököt. Buckle *Disraeli életéről* szóló művében a szerző nem utal arra, ki tette Disraelit azzá, ami:

> „Az angol történelemben nincs csodálatosabb karrier, mint Disraelié, és eddig egyetlen karriert sem övezett nagyobb rejtély."

Valójában egyáltalán nem volt „rejtély". Nathan és fia, Lionel Rothschild nélkül Disraeli soha nem létezett volna kis, szűk családi körén kívül. 1832 és 1837 között Disraeli súlyos pénzügyi gondokkal küzdött a fizetetlen adósságai miatt. 1835 áprilisában kénytelen volt ideje nagy részét otthon tölteni, hogy „megakadályozza, hogy a hitelezők elkapják", ahogyan azt Lady Henrietta Sykesnek, szeretőjének írt levelében fogalmazta.

1835 augusztusában Disraeli Bradenhambe ment, hogy elmeneküljön hitelezői elől. Egyikük egy bizonyos Austen volt, aki azzal fenyegetőzött, hogy letartóztatja és adósbörtönbe küldi. Bradenhamben megpróbálta megírni *Henrietta Temple című* regényét. Ebben az időszakban adósságai árnyékot vetettek írói munkásságára. Júliusban egy másik hitelezője, Thomas Mash, aki eddig is fizetésre szólította fel, most már egyre élesebb hangnemet ütött meg, és Disraeli (amikor mégis kiment a szabadba) a közelgő letartóztatástól való félelemben élt.

Mivel állandóan súlyos pénzügyi nehézségekkel küzdött, már húszévesen is hatalmas adósságok terhelték, és nem sikerült mandátumot szereznie az alsóházban – amit 1832 és 1837 között próbált elérni –, a Rothschildok, akik már tízéves kora óta figyelemmel kísérték, a „szolgájukká" tették.

Benjamin ezt 1849-ben írt levelében is elismerte nővérének, Sarahnak. Az az év volt élete legrosszabb pénzügyi időszaka. Hitelezői zaklatták, és meg kellett jelennie a büntetőbíróság előtt, amikor – ahogy Sarah-nak írt levelében fogalmazott – „Mayer Rothschild akaratlanul is elszólta magát".

Disraeli nem „emelte Angliát a legmagasabb pozícióba", ahogyan azt Buckle állította. Ehelyett az volt a tette, hogy felkészítette Angliát egy sor katasztrofális háborúra. Generációknyi angol embert rémisztett meg azzal a hazugsággal, hogy a „nagy Oroszország" veszélyt és fenyegetést jelent Nagy-Britanniára. Gladstone miniszterelnök hazugsággal vádolta Disraelit. Őszinte volt-e az állítólagos orosz „veszély" tekintetében?

Lord Gladstone azt mondta, csak két dologban volt „komoly: a feleségében és a fajtájában". Gladstone nyilvánvalóan nem tudta, hogy Benjamin „komolyan" gondolta a Rothschildokat, akikről ritkán beszélt, talán azért, mert senki, függetlenül a rangjától, nem szállhatott szembe büntetlenül a Rothschildokkal. Benjamin Disraeli volt a Rothschildok, Lionel, Mayer, Anthony és családjaik, beleértve a Montefiorékat is, számára a legfontosabb ember. Nővérének, Sarahnak írt levelében azt írta, hogy nászútja után volt egy parti Mrs. Montefiore otthonában, és ott „nem volt egyetlen keresztény sem".

Kétségtelen, hogy Benjamin nagy szolgálatot tett mentorainak, magas tisztségéből származó „információkkal" látva el őket.

Ismert, hogy egy ilyen „kémmunka" tette lehetővé a Rothschildok számára a jövedelmező Szuezi-csatorna-kölcsön kibocsátását.

Bár ezt Disraeli által megtervezett „cselszövésnek" írták le, a tények nem ennyire egyszerűek. Titkos „hírszerző" szolgálatán keresztül Disraeli megtudta, hogy Ishmail pasa, az egyiptomi khedive el akarja adni részesedését a Compagnie Universelle de Suez-ben.

A Von Thurn és Taxis család által a postai forgalom felügyelete révén szolgáltatott „hírszerzési" információknak köszönhetően 1875. november 15-én Disraeli értesült arról, hogy a khedive két francia bankkal tárgyal a részvények eladásáról. Disraeli azonnal Lionel de Rothschild báróhoz sietett, aki beleegyezett, hogy e célból hitelt nyújt a brit kormánynak. A titkos tervet Lionel és Disraeli dolgozta ki, és november 24-én terjesztették a brit kabinet elé jóváhagyásra. Lionel gyors reagálási képességét nem említették, így a közvélemény szemében ez továbbra is „Disraeli-puccs" maradt.

Ez a beszámoló, amely Cherep-Spiridovich gróf vezérőrnagy összegyűjtött műveiből származik, nagyban hozzájárul azoknak a mítoszoknak és legendáknak a eloszlatásához, amelyek Nathan Rothschild, londoni rokonai és családtagjai, valamint a legendás Disraeli életét és korát övezik.

6. FEJEZET

Benjamin Disraeli: a Rothschildok mesterspionja

Ez kölcsönös kapcsolat volt; a Rothschildok mindig készek voltak kisegíteni Benjamint pénzügyi nehézségeiből, különösen 1835-ben, 1849-ben, 1857-ben és 1862-ben, amikor adósságai – fizetési eszközök nélkül – mai árfolyamon számolva körülbelül 300 000 dollárt tettek ki. Mivel ellensége, Portland hercege üldözte, a pénzt egy bizonyos Philip Rose, Rothschild báró beosztottja „kölcsönözte" neki, aki véletlenül éppen ugyanabban az időben tartózkodott Torquay-ben, ugyanabban a gyógyfürdő-szállodában, mint Rothschild báró. Arra enged következtetni, hogy Rose rábeszélte Rothschildot, hogy kölcsönadja Disraelinek a szükséges pénzt. Az angliai keleti parton fekvő Torquay divatos üdülőváros volt, kiváló szállodákkal és fürdőkkel, amelyet gyakran látogattak a királyi család tagjai és kíséretük. Benjamin abban az évben decemberben írt levelében a következőket írta nővérének:

> „Szeret adni a barátainak, nem pedig kölcsönadni, mivel tőlem soha nem kér kamatot."

Javaslom, hogy vessünk egy pillantást a világ legismertebb személyiségeinek történetére, és próbáljuk meg kideríteni, milyen szerepet játszottak az életükben a Rothschildok. Ugyanezen okból a forradalmakat és a háborúkat is megvizsgálom. Ez egy hatalmas feladat, de már régóta esedékes.

Annyi hazugság szerepel a hivatalos történelemben, hogy szinte megdöbbentő, és elgondolkodom azon, hogyan lehetne valaha is megismertetni az igazságot a világ hétköznapi embereivel, akiknek kellett elviselniük ezeknek a felfordulásoknak a legrosszabb következményeit, és soha nem tudták meg, miért kellett ilyen szörnyű áldozatokat hozniuk. Természetesen vannak a propagandisztikus magyarázatok, amelyek a legtöbbeket kielégítik, de a gondolkodó számára soha nem volt elég csak a „hazafiságról", a „hazaszeretetről", a „demokrácia biztonságának megteremtéséről" és a „minden háborút befejező háború" vívásáról beszélni. Nem mehetek túl messzire vissza a történelemben, ezért kezdjük a világot sújtó legrobbanásveszélyesebb felfordulásokkal, kezdve a 18·századdal és az abban részt vevő személyiségekkel, majd folytassuk a 20·századig. A helyszűke miatt ezeknek az eseményeknek csak a legkiemelkedőbb vonásaira szorítkozom.

Bár nincs kézzelfogható bizonyíték arra, hogy a Rothschildok részt vettek volna a kataklizmatikus „francia" forradalomban, a történészek hajlamosak azt hinni, hogy ők álltak a háttérben, ügynökeiken keresztül cselekedve. A kereszténység iránti jól ismert gyűlöletük és az a vágyuk, hogy megszabadítsák Franciaországot a keresztény monarchiától, amelyet az képviselt, volt a forradalom hajtóereje. A kereszténység elleni ellenzék volt az a tényező, amelyről úgy vélték, hogy motiválta a Rothschildokat arra, hogy minden alkalommal közvetett lépéseket tegyenek ellene.

Egy dolog világosan kiderült a múltból: az azóta vívott minden háború a nemzetközi szocializmus előmozdítását szolgálta, amelynek a Rothschildok lelkes támogatói voltak.

A British Museum dokumentumaiban szerepel, hogy a Rothschildok 1770 óta mélyen részt vettek minden felkelésben és háborúban. Közvetett bizonyítékok utalnak arra, hogy a Rothschildok egy ága részt vett a francia forradalom finanszírozásában Moses Mocatta bankján keresztül, aki Sir Moses Montefiore nagybátyja volt, akinek a testvére, Abraham Montefiore, feleségül vette Jeanette-et, Mayer Amschel lányát.

Mayer Amschel fia, Nathan, 1806-ban vette feleségül Sir Moses Montefiore sógornőjét. Abraham Montefiore másik lánya, Louisa, 1840-ben ment feleségül Sir Anthony Rothschildhoz.

A történelem feljegyzi, hogy Daniel Itzig, David Friedlander, Herz Geribeer, valamint Benjamin és zsidó bankházai, továbbá Abraham Goldsmidt voltak a „francia" forradalom fő finanszírozói. Érdekes megjegyezni, hogy Mayer Amschel leszármazottai által kötött ötvennyolc házasság közül huszonkilenc és fél első unokatestvérek között jött létre.

1848-tól kezdve a folyamat felgyorsult. Marx megállapította, hogy minden háborúnak a nemzetközi szocializmus előmozdítását kell szolgálnia, Lenin és Trockij pedig ezt beépítették a kommunista doktrínába. Az első világháborút azért vívták, hogy Oroszországban meghonosítsák a bolsevizmust, hogy „otthont teremtsenek a zsidóknak Palesztinában", hogy megsemmisítsék a katolikus egyházat és szétszakítsák Európát.

Az első kísérletet az Egy Világkormány létrehozására a Népszövetség álcája alatt indították. A második világháborút Japán és Németország megsemmisítése, a Szovjetunió kommunista világhatalomként való megerősítése, valamint a bolsevizmus kiterjesztése a világ háromnegyedére érdekében vívták. A háború után az Egyesült Államokat rávették, hogy csatlakozzon a következő kísérlethez az Egy Világkormány létrehozására, az Egyesült Nemzetek Szervezetéhez.

A második világháború megváltoztatta az Egyesült Államok szerkezetét, amelyet a hatalmi pozíciókban lévő nagy számú nemzetközi szocialista kényszerített arra, hogy elszakadjon alkotmányától és republikánus kormányzati formájától, és vállalja a világ új Római Birodalmának szerepét. Röviden: az Egyesült Államokat keresztény republikánus kormányzati formájából egy birodalmi hatalommá alakították át, amely a nemzetközi szocializmus érdekében és nevében hódítja meg a világot.

Ezeknek a hatalmas változásoknak a hátterében a Rothschildok hatalma, pénze és irányító keze állt. Megpróbálom áttekinteni azokat a főbb eseményeket, amelyek ezeket és más háborúkat kiváltották.

Amikor a forradalom kitört Franciaországban, a nemesség és az egyház liberális volt a francia polgárok iránt. Munkavállalási és sajtószabadságuk volt, Louis Diste „*Freemasonry and Terror*" című könyve szerint, amelyről a oldalon azt írja, hogy ez 1789. augusztus 10. előtti levéltári dokumentumokkal bizonyított – mindent, amit a francia nép a szabadság, a túlzott adóktól való mentesség és a vallásszabadság terén akart, megkapta. Ha van valami, amit a történelemből megtanultam, az az, hogy létezik egy gonosz erő, amely gyűlöli és halálos küzdelmet folytat a világ hétköznapi embereinek mindenféle szabadsága, függetlensége és igazságossága ellen.

Valahányszor ilyen kormányzati rendszert hoztak létre, ezek a gonosz, titkos uralkodók megjelentek, és rendkívüli erőszakkal és kegyetlenséggel megdöntötték azokat a jóindulatú kormányokat. Példa erre Oroszország, ahol II. Sándor cár beleegyezett egy új alkotmányba.

Minisztere, Stolypin, elindította a gépezetet, hogy földet adjanak a parasztoknak és államosítsák a bankokat; Miklós megtiltotta a háborúkat azzal a fenyegetéssel, hogy „az elsőre lőnek, aki lő", és a cárokat a világ legműveltebb, legtanultabb és legkegyesebb embereiként ismerték. Stolypint kegyetlenül meggyilkolták a bolsevik forradalmárok, hogy megakadályozzák a cár által ígért szabadságok és reformok megvalósítását.

1789. augusztus 4-én nyolcvanhárom ismeretlen férfi, „mi vagyunk a 300" kiáltással (ezzel akaratlanul is felfedve irányítóik rejtett kezét) elfoglalta a párizsi városházát.

Franciaországban a városháza általában a közigazgatás központja. Robespierre és Danton nem csatlakoztak azonnal a rákövetkező vérszomjhoz. Stéphane Lausanne, a *párizsi Le*

Matin szerkesztője 1923. január 6-i cikkében így fogalmazott:

> Mi, franciák, azt hisszük, hogy mindent tudunk bolygónk erőiről. De semmit sem tudunk azokról az emberekről, akiknek a nevét a tömegek még helyesen leírni sem tudják. Ezek az emberek, akik hatalmasabbak Cézárnál vagy akár Napóleonnál is, irányítják a világ sorsát. Ezek az emberek irányítják az államfőket, ellenőrzik és leigázzák a kormányzó személyiségeket, manipulálják a tőzsdéket, és forradalmakat indítanak vagy fojtanak el.

Természetesen a 7 Rothschildról és a 300-as Bizottságról írt. Amit nem tudott, az az, hogy a Rothschildok teremtették és irányították Napóleont, mint eszközüket, és hogy eltávolították őt, miután a korzikai zseni ráébredt erre a tényre, és lázadásba kezdett, amelynek első jele az volt, amikor elvált kreol feleségétől, Josephinától. Philip Francis a *New York American* című lapban, „A méreg Amerika kupájában" című cikkében így fogalmazott:

> Névlegesen mi kormányozzuk magunkat; valójában azonban a Nemzetközi Bankárok Szövetségének amerikai ágának, a Plunderbundnak az oligarchiája kormányoz minket. A brit kormány az a álca, amely mögött a világ pénzügyi urai eddig elrejtették a nép tömegei ellen folytatott gazdasági háborújukat.

Nincs közvetlen bizonyíték arra, hogy a Rothschildok közreműködtek volna a francia forradalom kirobbantásában, de bőven vannak bizonyítékok arra, hogy Mirabeau a *Les Amis Réunis* tagja volt, akárcsak társa, Talleyrand. Mirabeau és Talleyrand fedezték fel Napóleont, egy ismeretlen hadtisztet. Úgy gondolják, hogy a francia forradalom számos részletét a hesseni landgróf palotájában, Wilhelmsbadban vitatták meg, ahol a vezető szabadkőművesek gyakran gyűltek össze, ami összeköttetést jelent Mayer Amschelhez, aki a „szabadkőműveseken túli és számukra ismeretlen halálos titkos konklávét" vezette, ahol a „francia" forradalmat tervezték.

Wilhelmsbadon keresztül kapcsolat volt Adam Weishaupttal is, az Illuminátusok alapítójával. *A Rothschild Money Trust* 17. oldalán a következő áll:

> Elismert tény, ahogyan állítják, hogy az Illuminátusok jelentős szerepet játszottak az 1789-es véres napok előidézésében, hogy zsidók alapították és állítólag finanszírozták, és hogy a nagy Rothschild-ház akkoriban éppen a pénzügyi csúcsra emelkedett. Bizonyítékok vannak arra, hogy a szervezetet valóban a „nagy Rothschild-ház" finanszírozta, és hogy a francia forradalmat valóban zsidók idézték elő. Ez volt az a végső lépés, amely megszabadította a zsidókat politikai és polgári jogfosztottságuktól Franciaországban.

A történelem szempontjából sajnálatos módon *a The Rothschild Money Trust* nem ad meg olyan forrásokat, amelyek alátámasztanák azt az állítást, hogy a francia forradalmat a Rothschildok finanszírozták.

1782-ben, miután „megszerezte" a hesseni-kasseli tartománygróf hatalmas vagyonát, Amschel hívatta Weishauptot, aki akkoriban koldusként élt. Weishaupt akkoriban alacsony rangú ember volt, aki pénzt próbált szerezni, hogy kifizesse a sógornőjén végzett illegális abortuszt. Amschel-lel való találkozása után Weishaupt Párizsban jelent meg, ahol több millió frank állt a rendelkezésére. Legalább 30 000 legrosszabb fajta bűnözőt „importált", és párizsi barlangokban telepítette le őket. Ugyanezt tette Németországban is. Amikor 1789-ben minden előkészület befejeződött és a színpad készen állt, Párizsban kitört a pokol. Pouget St. Andre író, a Franciaországot megrázó forradalom krónikása szerint Danton zsidó volt, akárcsak Robespierre, akinek valódi neve Ruban volt. Pouget St. Andre, *a Les Auteurs de la Révolution Francaise* című mű szerzője felvetette azt a kérdést, amelyre a mai napig nem született válasz: Miért ontott a Konvent ennyi vért? Azt mondják, hogy a vérontást a népnek a kiváltságos osztály iránti gyűlölete okozta. Hogyan magyarázható az, hogy a kivégzett arisztokraták aránya mindössze 5% volt az összes elítélt közül? Miért kerültek 4 milliárd frankba és 50 000 ember életébe azok a reformok, amelyeket XVI. Lajos már ingyen felajánlott?

Ernest Renan művében, *a La Monarchie Constitutionelle en France*-ban így írt:

> XVI. Lajos király meggyilkolása a legszörnyűbb materializmus, a hálátlanság és aljasság legszégyenletesebb megnyilvánulása, a legszemérmetlenebb aljasság és a múlt feledése volt. A királyt kivégezőknek semmi más nem szolgált, csak a vérszomj.

7. FEJEZET

Belső beszámolók a francia forradalom

Mindenkit, aki a titkos társaságok és a Franciaországot meghódítani próbáló csatlósaik szolgálatában állt, később kivégeztek, néhányukat szörnyű módon és a legnagyobb kegyetlenséggel, köztük Dantont és Robespierre-t is – feltehetően azért, hogy elhallgattassák őket, nehogy valaha is kísértésbe essenek, és felfedjék, kik álltak a forradalom mögött.

A gyilkosság akkoriban, akárcsak ma, a „300" akaratát meghiúsítani próbálók ellen bevetett kedvenc fegyver volt.

Lord Acton a Francia forradalomról szóló esszéjében a következő megfigyelést tette:

> A borzalmas dolog nem a zűrzavar, hanem a terv. A tűz és a füst közepette is észleljük egy kiszámító szervezet nyomait. A vezetők gondosan rejtőznek és álcázzák magukat, de a kezdetektől fogva nem kétséges a jelenlétük.

Később visszatérünk az 1904-es orosz–japán konfliktusra, arra, hogy ki szervezte meg, ki finanszírozta, és mi volt az indítékuk, de most, csak úgy mellékesen, idézzük a *New York Evening Post* szerkesztőjének 1924. december 9-i szavait:

> Valahol a propaganda ködfelhője mögött gonosz, láthatatlan kezek igyekeznek tönkretenni az békés kapcsolatokat Oroszország és Japán között. Japán nem akar háborút. Amerika semmiképpen sem akar háborút. Miért van akkor ez a állandó lárma, hogy Japán egy ellenség, akit figyelni kell, akiben nem szabad megbízni, akivel szemben fel kell

fegyverkezni, és akivel végül harcolni kell?

Az elmúlt három évszázad történelmi alakjai közül senki sem ismertebb, mint Napóleon. Mégis, arról, hogy hogyan emelkedett a ismeretlenségből a hírnévbe, nem sokat beszélnek.

A Rothschildok által „örökbe fogadottak" többségéhez hasonlóan Napóleon is nyomorúságos szegénységben élt, amikor Talleyrand bemutatta őt a Rothschildoknak. Nem volt pénze kifizetni a mosodai számlát, és csak egy inge volt. Egyenruháját Josephine Beauharnais biztosította számára, akit később feleségül vett, miután Paul de Barras gróf elhagyta őt mint szeretőjét.

1786-ban Napóleon alhadnagy volt, egy szegény, nagyon alacsony rangú tiszt, akinek nem volt pénze, és házról házra járt, hogy munkát keressen a fizetésének kiegészítésére. Ez volt az az idő, amikor az európaiak már belefáradtak a „szabadság, egyenlőség és testvériség" jelszavába. Amschel csalódott volt, hogy Weishaupt alig ért el eredményt az egyház, különösen a katolikus egyház ellen, és „új tehetségeket" keresett. A korzikai férfi tűzzel és lelkesedéssel hatott Amschelre, aki elegendő pénzt biztosított neki ahhoz, hogy tisztességesen élhessen. H. Fischer a British Museumban megjelent cikkében így írt:

> „1790-ben Napóleon olyan eszközökkel ért el sikert, amelyeket már akkor is gátlástalannak ítéltek, és ezzel biztosította magának a helyét egy egész zászlóalj parancsnokhelyetteseként."

Hogyan sikerült neki? Charles MacFarlane *A Napóleon élete című* művében (amelyet a British Museumban olvastam) rávilágított erre a „meghökkentő hatalomra jutásra":

Augustine Robespierre, a rettegett diktátor öccse, 1798-ban, Toulon elfoglalásakor ismerkedett meg Bonaparte-tal. Vitathatatlan tény, hogy szoros kapcsolatot alakított ki, minden jel szerint meleg barátságot ápolt Augustine-nal, aki éppoly könyörtelen volt, mint bátyja. Wolf Tone önéletrajza (Barry 1893) szerint Robespierre az Illuminátusok tagja volt.

Névleges keresztényként Napóleon hamar megérezte a kereszténység iránti gyűlöletet, amely Amschel szívében égett, ezért színleléshez folyamodott, hogy új pénzügyi támogatójának kedvében járjon. A katolikus egyház ellen fordult. A pápa megalázása nagyon tetszetős kilátás volt Amschel számára, és a pénz egyre növekvő összegekben kezdett Napóleon zsebébe áramlani.

Így magyarázható „lenyűgöző hatalomra jutása" és „csodálatos sikerei"! Ahogy manapság mondjuk, Napóleon írói és életrajzírói nem követték a pénz nyomát.

Weishaupt kudarca a katolikus egyház megsemmisítésében – amiért Amschel „alkotta meg" – bosszantó volt, de amikor Napóleon felkeltette a figyelmét, az egész feladat rá hárult. A végrehajtás módját a párizsi szabadkőműves páholyokban tervezték meg, ahová Talleyrand járt, valamint a frankfurti páholyokban, ahová Amschel járt.

Talleyrand volt az, aki azt mondta Napóleonnak:

> A háború az egyetlen módja annak, hogy elpusztítsd az egyházat.

Ezt elismerte H. G. Wells is, aki a korzikai zsenit „(a forradalom) rombolójának, keménynek, hozzáértőnek, tehetségesnek és kezdeményezőnek" nevezte, de nem említette pénzügyi támogatóját, akinek hatalmas pénze nélkül ezek a jellemvonások nem sokat értek volna neki.

Kerenszkijhez, Trockijhoz, Disraelijhez, Lloyd George-hoz és Bismarckhoz hasonlóan Amschel is akkor vette át a hatalmat Napóleon felett, amikor az még jelentéktelen volt, és tette őt Európa legfontosabb emberévé.

Bár H. G. Wells azt panaszolta, hogy nem folytatta a forradalmat, nem ez volt a lényeg. Amikor Amschel nagy szavazati többséggel kinevezte Napóleont élethosszig tartó első konzulnak, megteremtődött a színpad, hogy lezáruljon a függöny Európában.

Amíg végrehajtotta az Amschel által rábízott feladatot, a keresztény monarchiák és a katolikus egyház megsemmisítését, Napóleon varázslatos életet élt, egyik sikertől a másikig haladva. A British Museumban találtam egy jó könyvet, amelyet Sidney Dark írt, és amelyben ezt írta: Milyen nagy volt Napóleon:

> Napóleon, aki sem vagyoni háttérrel, sem nemesi származással nem rendelkezett, 35 éves kora előtt a világ ura lett, és 46 évesen fejezte be páratlanul romantikus, szinte lehetetlennek tűnő pályafutását.

Ez teljesen figyelmen kívül hagyja a Napóleon mögött álló erőket, Amschelt és millióit, valamint a párizsi és frankfurti szabadkőműves páholyok tervezőit. 1796. március 9-én Napóleon feleségül vette Josephina de Beauharnaist, egy kielégíthetetlen szexuális étvággyal rendelkező kreol nőt, aki egykor fizette az egyenruháját.

A házasságot a Rothschildok szervezték meg Paul de Barras gróf segítségével, aki Napóleont az olasz hadsereg főparancsnokává is kinevezte.

Josephina de Barras szeretője volt, de miután megunta, a gróf véget akart vetni a kapcsolatnak, és hogy elkerülje a nő bosszúval fenyegető esküjét, elintézte, hogy Josephina feleségül menjen Napóleonhoz – ez aligha az a „romantikus" fordulat, amellyel gyakorlatilag minden, Napóleon életéről és koráról író szerző beállítja az eseményt.

Josephine segített de Barrasnak azzal, hogy átadta neki a férjétől kapott bizalmas információkat, amelyek természetesen egyenesen a Rothschildokhoz kerültek. Amschel közömbösen fogadta Napóleon 1804-es koronázását, de riadót fújt, amikor meghívták a pápát. A Rothschildok megdöbbentek és dühösek lettek, amikor Napóleon 1810-ben elvált Josephine-től, és feleségül vette Mária Lujza főhercegnőt. A Rothschildok felismerték, hogy ezentúl egyre kevesebb esélyük lesz királyságokat tönkretenni és a katolikus egyházat szétzúzni.

1810-től eldőlt Napóleon sorsa, és James Rothschildot bízták meg azzal a feladattal, hogy tönkretegye egykori hősüket.

Napóleon fokozatos kiábrándulásának teljes története, annak felismerése, hogy nem Franciaországért harcol, hanem egy idegen hatalomért, amely a forradalom szükséges következményeként kívánja megerősíteni hatalmát a nemzet felett, valamint az Illuminátusok és a szabadkőművesek szerepe karrierjében egyre inkább felháborította őt.

A felismerés lassan és fájdalmasan jött, de miután elméje megnyílt az igazságra, Napóleon lázadni kezdett irányítóival szemben. G. Bussey *a Napóleon története című* művében azt írja, hogy Napóleon megváltozott, elvesztette heves háborús vágyát, és kijelentette:

> Hála Istennek, békében vagyok a világgal.

A Rothschildoknak már nem volt szükségük egykori eszközükre. Pénzügyileg támogatták és létrehozták a „Napóleon elleni liga" nevű fedőszervezetet. Azok a mentorok, akiket Napóleon kezdett elhanyagolni, most ellene fordultak. Karl Rothschild sietett megrontani a pápa és Napóleon közötti kapcsolatokat, és Napóleon tudta nélkül elrendelte a Szentatya letartóztatását, amelyet Radet tábornok hajtott végre. A pápa az uralkodó kiközösítéséről szóló törvényjavaslattal reagált.

Napóleon megpróbálta magához édesgetni a pápát. Érezte, hogy a talaj remeg a lába alatt, ahogy az események egymás után ellene fordultak. Az Illuminátusok ügynöke, Stapps által ellene elkövetett merényletkísérletet Rapp tábornok ébersége hiúsította meg.

Az orosz hadjáratot ellátási problémák és élelmiszerhiány sújtotta. Napóleon nem értette, hogy ez a hadseregének szándékos szabotázsa volt. Kénytelen volt elrendelni a visszavonulást Moszkvából, amelynek során a sebesülésektől és a hidegtől haldokló ezernyi katonát kegyetlenül lelőtték a hátulról érkező Rothschild-ügynökök.

A keresztények veszteségei borzalmasak voltak. Miután nem sikerült megnyernie a pápát, Napóleon komolyan aggódni kezdett, és önbizalma egyre csökkent. Ezt így jegyezte meg:

> A pápát megnyerhettük volna, mint további eszközt a Birodalom szövetséges részei összekötésére. Nemcsak törvényhozó, hanem egyházi üléseket is kellett volna tartanom. Tanácsaim a kereszténység képviselőiből álltak volna, és Szent Péter utódja lett volna az elnök.

Túl késő volt, mivel Karl Rothschild már gondoskodott arról, hogy egy ilyen terv ne jusson sikerrel. Egyetlen történész sem tudja megmondani, miért támadta meg Napóleon Oroszországot 1812-ben. Elméletek bőven vannak, de egyik sem megalapozott. I. Sándor így nyilatkozott a támadásról:

> „Napóleon a leggyűlöletesebb módon háborút indított ellenem, és a legárulóbb módon megtévesztett."

Napóleon viszont a következőket mondta Gourgaud tábornoknak:

> Nem akartam háborút indítani Oroszország ellen. Bassano és Champagny [külügyminiszterek] meggyőztek arról, hogy Oroszország levele háborúkiáltványnak szánt. Tényleg azt hittem, hogy Oroszország háborút akar. Mi volt a hadjárat valódi indítéka Oroszországban? Nem tudom, valószínűleg maga a császár sem tudott többet, mint én.

A Rothschildok tönkretették Napóleont a waterlooi csatában. Elárulta őt Soult marsall, akivel barátságot kötött, de aki a Rothschildok zsebéből élt. Napóleon Soultot Dalmácia hercegévé tette, több millió frank fizetéssel, és kinevezte hadsereg marsalljává. Waterloo-nál Soultnak nem sikerült elfoglalnia és megtartania Genappe-t, egy fontos falut, amely Napóleon hadseregének szárnyát biztosította volna.

Sőt, ami még rosszabb, Grouchy marsall, akinek erősítést kellett volna hoznia, 24 órával későn érkezett, annak ellenére, hogy hallotta a lövéseket, és tudta, hogy a csata már megkezdődött. Soult-ról Napóleon keserűen panaszkodott:

> Soult, a waterlooi csatában a második parancsnokom, nem segített annyira, amennyire tehette volna... A vezérkarának, a parancsaim ellenére, nem volt szervezettsége. Soult nagyon könnyen elbátortalanodott... Soult semmire sem volt jó. Miért nem tartotta fenn a rendet Genappe-ban a csata alatt?

Sőt, ami még rosszabb, a csata reggelén a korzikai tábornok személyi stábjában lévő ellenség olyan anyagot tett a reggelijébe, amelytől szörnyű migrénje lett. Ilyen a Rothschildok hatalma és a történelem hamisítása; ha nem követtek volna el ellene árulást és hűtlenséget, Napóleon simán legyőzte volna Bluchert és Wellingtont. Soult jól szolgált gazdáinak; ők adták neki Franciaország legmagasabb tisztségeit. Gyakran felvetették, hogy ő volt Bismarck apja, de ezt soha nem bizonyították. Egy időben Bismarck anyja Soult szeretője volt, amit Bismarck is megerősített:

> Nem a tehetségem vagy a képességeim tettek naggyá, hanem az a tény, hogy anyám Soult szeretője volt, [az egyik a 300 közül], akik mind segítettek nekem.

Bismarckot a Rothschildok „teremtették meg" a Menkenek révén. Apja, William, feleségül vette Louise Menkent, akiről Cherep-Spiridovich gróf azt állította, hogy zsidó származású. Soult marsall, aki Waterloo-nál elárulta Napóleont, a 300-as Bizottság tagja volt, és haláláig Franciaország legfőbb tisztségeit töltötte be.

Soult gyakran megfordult William Bismarck vidéki

rezidenciáján, és sokan úgy vélték, hogy ő a fiatal Bismarck apja. Ez a Bismarck anyja feletti „befolyás" tartotta a fiatal Bismarckot James Rothschild irányítása alatt. 1833-ban Bismarck nehéz időkön ment keresztül, és veszélybe került a birtoka. Disraeli révén James Rothschild barátságot kötött a fiatal Bismarckkal, és arra törekedett, hogy őt Európa „konzervatív" jövőbeli vezetőjévé tegye. Oscar Arnim, a Reichstag tagja feleségül vette Bismarck húgát, Maliant.

A házasságkötés után Bismarck teljes mértékben Lionel Rothschild irányítása alá került. Hogy Bismarck tudatában volt ennek, az egyértelműen kiderül Walter Rathenau 1871-es kijelentéséből:

> Azoknak, akik ragaszkodtak ahhoz, hogy Bismarckot nagy politikai zseniként, a sors embereként kezeljék, akit – Napóleonhoz hasonlóan – a tragikus predesztináció pecsétje jellemez, Bismarck mindig azt válaszolta, hogy nem hisz a nagy, a sors által kiválasztott emberekben; hogy meggyőződése szerint a politikai hírességek hírnevüket, ha nem is a véletlennek, de legalábbis olyan körülményeknek köszönhetik, amelyeket maguk sem láthattak előre.

8. FEJEZET

Bismarck elárulja „Európa nagy pénzügyi hatalmairól ”

Bismarck minden bizonnyal tudta, hogy az amerikai polgárháborút azok szították, akiket ő „Európa nagy pénzügyi hatalmainak" nevezett. Ezt megerősíti az a figyelemre méltó beszámoló, amelyet Conrad Siem tett közzé a *La Vieille France* 1921. márciusi, 216. számában.

Siem szerint Bismarck 1876-ban beszélt vele a polgárháborúról:

> Az Egyesült Államok két szövetségre való felosztásáról már jóval a polgárháború előtt döntöttek Európa nagy pénzügyi hatalmai. Azok a bankárok attól tartottak, hogy ha az Egyesült Államok egy blokkban marad és egyetlen nemzetként gazdasági és pénzügyi függetlenséget ér el, az felborítja világuralmukat. A Rothschildok hangja volt a meghatározó.
>
> Hatalmas zsákmányt láttak abban, ha a magabiztos és önellátó, erőteljes köztársaság helyébe két, nekik adósságban álló, gyenge demokráciát állítanak.
>
> Lincoln soha nem sejtette ezeket a háttérben zajló machinációkat. Rabszolgaságellenes volt, és mint ilyen választották meg. De jelleme megakadályozta abban, hogy egy párt embere legyen. Amikor ügyeket kellett intéznie, rájött, hogy ezek a gonosz európai pénzemberek, a Rothschildok azt akarták, hogy ő hajtsa végre terveiket. Ők tették elkerülhetetlenné az észak és a déli szakadást! Az európai pénzügyi urak véglegessé tették ezt a szakadást, hogy

azt a lehető legjobban kihasználhassák...

Lincoln személyisége meglepte őket. Azt hitték, könnyen átverhetik a favágó jelöltet. Jelöltsége nem zavarta őket. De Lincoln átlátta a cselszövéseiket, és hamar megértette, hogy nem a Dél a legrosszabb ellenség, hanem a pénzemberek. Nem osztotta meg aggodalmait; figyelte a Rejtett Kéz mozdulatait. Nem akarta nyilvánosságra hozni, ami megzavarta volna a tudatlan tömegeket.

Úgy döntött, hogy kiküszöböli a nemzetközi bankárokat egy olyan hitelrendszer létrehozásával, amely lehetővé teszi az államok számára, hogy közvetítő nélkül, közvetlenül a néptől vegyenek fel hitelt.

Nem tanult pénzügyet, de éles józan esze révén rájött, hogy minden gazdagság forrása a nemzet munkájában és gazdaságában rejlik. Ellenezte a nemzetközi pénzemberek általi pénzkibocsátást. A Kongresszustól megszerezte azt a jogot, hogy az államok kötvényeinek eladásával a néptől vehessen fel kölcsönt.

A helyi bankok csak örömmel segítették ezt a rendszert, és a kormány és a nép elkerülte a külföldi pénzemberek cselszövéseit. Azonnal megértették, hogy az Egyesült Államok kicsúszik a markukból. Lincoln halálát elhatározták. Semmi sem könnyebb, mint találni egy fanatikust, aki lecsap. Lincoln halála katasztrófa volt a kereszténység számára.

Nem volt az Egyesült Államokban olyan ember, aki elég nagy lett volna ahhoz, hogy a nyomdokaiba lépjen. A nemzetközi pénzemberek újra nekifogtak, hogy megragadják a világ gazdagságát. Attól tartok, hogy bankjaikkal, ravaszságukkal és kínzó trükkjeikkel teljes mértékben ellenőrzésük alá vonják Amerika bőséges gazdagságát, és azt felhasználják a modern civilizáció szisztematikus megrontására. Attól tartok, hogy nem haboznak majd az egész kereszténységet háborúkba és káoszba taszítani, hogy a föld az örökségükké váljon.

(Szeretném megismételni, hogy ennek a műnek az előkészítése során tíz hónapig folytattam intenzív kutatást ezen a témán a British Museumban. Azok a könyvek, amelyekből forrásokat idéztem, mint például *a Talks With Napoleon at St.* Helena, a *Propaganda in the Next War* és John Reeves művei – valamint sok más említett mű – már nem biztos, hogy elérhetők).

Oroszország különös gyűlöletet váltott ki a Rothschildokból, akik ellene fordultak a Romanov-családnak. Tiesenhaus, egy neves német történész lánya azt írta, hogy osztja apja cár iránti bizalmatlanságát:

> … De miután megismerkedett vele, sok máshoz hasonlóan ő is mély benyomást tett rá Sándor őszintesége, lendülete és nemes jellemvonásai. Ez a benyomás hűséges és odaadó barátsággá mélyült. (Sándor császár – de Choiseul-Guffress asszony)

Cserép-Spiridovics gróf szerint Nathan Rothschild megpróbált forradalmat szítani Oroszországban, de nem járt sikerrel, és Lionel bevallotta Disraelinek, hogy azt Németországban készítették elő:

> „James Rothschild III fő ügynökeit mozgósították I. Miklós cár ellen, hogy háborút provokáljanak ki a Krím-félszigeten, de nem tudtak győzni, ezért 1855-ben megmérgezték I. Miklós cárt." (British Museum Papers, *Hidden Hand*, 119. oldal)

Ezekben a sorsdöntő eseményekben Disraeli nagy szerepet játszott, akár „gyóntatóként", akár a Rothschildok tanácsadójaként. Hogyan szerezte meg a Rothschildok az irányítást Marie Louise felett, azt Edith E. Cuthell asszony meséli el *An Imperial Victim* című könyvében: 1827 decemberében Marie Louise, I. Napóleon özvegye tízmillió frank kölcsönt vett fel a Rothschildtól.

1829. február 22-én elvesztette férjét, Neipperg grófot, ami minden történész számára rejtély maradt.

Metternich herceg, aki korábban csupán Salomon Rothschild bécsi „irodista" volt, elmondta Bombellesnek, egy másik Rothschild-pártfogoltnak, hogy olyan embert keres, aki képes irányítani Marie Louise gyenge jellemét. Bombelles Marie Louise bizalmasa lett, majd feleségül vette.

A Rothschildok így teljes ellenőrzést szereztek Napóleon özvegyén keresztül Bombelles révén, aki még akkor hódította meg a szívét, amikor Marie Louise még Niepperg grófnő volt.

Edmond Rostand író szerint Bombelles rendkívül jóképű volt. E. E. Cuthwell asszony így ír róla:

> Még nagyobb ambíciói voltak. Lágy hangjával a nők fülébe suttogott. Bombelles feleségül akarta venni a gazdag Mlle Cavanaugh-t. Elérte célját. Felesége meghalt, és egy ólomdobozban hagyta rá a szívét. Ő eltemette. Egy évvel később kétségbeesett szerelemre lobbant egy másik gazdag örökösnő iránt, aki azonban elutasította. (*An Imperial Victim*, 321. oldal)

Marie halála után Louise Bombelles-t kinevezték az osztrák császár pénzügyi ellenőrévé.

> Pármában pletykák keringtek arról, hogy mérgezésben halt meg, és ezek tovább terjedtek." (373. oldal)

Cserép-Spiridovics gróf így meséli el a továbbiakat:

> Bombelles-t, Salomon és titkára, Metternich támogatásával, kinevezték a leendő osztrák császár, Ferenc József „nevelőjévé". Bombelles volt a felelős szerzője Ausztria legszörnyűbb hűtlenségének, aljasságának és kegyetlenségének, amely 1848 óta kezdte megdöbbenteni az egész világot, amikor a mindössze tizennyolc éves Ferenc József de jure császár lett, és Bombelles volt a „trón mögötti hatalom", aki Rothschild parancsait fogadta és hajtotta végre. Első cselekedetük az volt, hogy megszegték a szavukat I. Miklósnak, aki „sine qua non" feltételként szabta a magyar

> Sheezeny tábornok és társai iránti kegyelmet. Ferenc József megfojtotta őket, amint az orosz csapatok elhagyták Ausztriát. (*Hidden Hand*, 123. oldal)

A Rothschildok nemcsak pénzverők voltak, hanem spekulánsok is. Legnagyobb érdeklődésüket az európai és orosz vasutak építése keltette fel, amelybe belekapaszkodtak és meg is tartották magukat. A British Museum iratai között található egyik beszámoló szerint James Rothschild rákényszerítette Franciaországot, hogy fogadja el az északi vasút finanszírozását:

> A kormány vállalta, hogy 100 millió frankot költ a pályaépítésre. James beleegyezett, hogy 60 milliót költ vasúti kocsik beszerzésére stb.
>
> 40 év alatt évente 17 millió frank jövedelmet kapott, azaz 620 millió frank kamatot, valamint a 60 millió frank tőkeösszeget. Ebben a ügyletben a Rothschildok 60 millió frankot használtak fel betéteseik pénzéből, amiért 4%-os kamatot fizettek nekik, azaz évente 2 400 000 frankot, így aláírásukért évi 14 600 000 frankot kaptak. *A Journal des Débats* a nemzet megtévesztése érdekében 1843 júliusában kijelentette, hogy Rothschild könyörög azért a kiváltságért, hogy tönkretehesse magát. A francia sajtó már ötven évvel a panamai botrány előtt provokátor szerepet játszott. A Rothschildok minden áron áhították ezt a gazdag zsákmányt, a vasutakat. Egy időben a kormány átment egy becsületes időszakon, és volt mersze megfékezni agressziójukat.
>
> 1838-ban M. Martin, a North [vasúttársaság] képviselője javasolta a parlamentnek, hogy az állam építsen ki egy vasúti hálózatot. Ha M. Martin tervét, amely a banki és közlekedési monopólium két pillérén alapult, a parlament jóváhagyta volna, a pénzügyi hűség már a kezdetén megsemmisült volna. De a Rothschildok az általuk ellenőrzött sajtón keresztül megtalálták a módját, hogy megszerezzék a vasutakat. 1840-ben a nyugati és déli vonalakat a Rothschildoknak és a Fouldoknak adták át.

(A Fouldok nemzetközi bankárok voltak, akiket stratégiai okokból Franciaországba helyeztek, hogy a Rothschildok utasításait végrehajtsák). 1845-re az összes nagy vonal e két társaság tulajdonába került. A Rothschildokról szóló legélesebb szemű újságírók egyike John Reeves volt, aki megírta a *The Rothschilds—The Financial Rulers of Nations (A Rothschildok – a nemzetek pénzügyi uralkodói) című* könyvet. A könyvből vett alábbi megjegyzések jól mutatják, milyen éles szemű és milyen mélyen hatolt be a Rothschildokat övező rejtély fátylába Reeves, akinek Nathan Rothschildról szóló megfigyelései talán páratlanok:

> Az általa hagyott vagyon összege mindig titok maradt. Az üzletet a négy fiú kellett vezetnie, külföldi nagybátyjaikkal együttműködve. Minden lányának 500 000 dollárt hagyott, amelyet elveszítettek volna, ha anyjuk és testvéreik beleegyezése nélkül házasodtak volna.
>
> Alkalmazottainak nem hagyott örökséget, és jótékonysági célokra sem hagyott semmit... Nathan először 1819-ben segítette az angol kormányt, amikor 60 millió dolláros kölcsönt vállalt. 1818 és 1832 között Nathan nyolc kölcsönt nyújtott, összesen 105 400 000 dollár értékben.
>
> Spanyolországgal, illetve a korábban a spanyol zászlót elismerő dél-amerikai államokkal soha nem akart semmi köze lenni. Egyes történészek szerint ez a spanyol inkvizíciónak volt köszönhető. Sikerének egyik oka az a kínozó politika volt, amellyel félrevezette azokat, akik figyelték.
>
> 1831-ben Nathan Mayer átvette az irányítást az osztrák Idria higanybányái felett, és egyidejűleg a spanyolországi Almadena hasonló bányái felett is. Így az orvostudományban elengedhetetlen higany teljes mennyisége az ő kezében volt, és ő megduplázta, sőt megháromszorozta az árát. Ennek rettenetes következményei voltak a betegekre és a szenvedőkre minden nemzetben...

A Rothschildokról szóló másik pontos beszámolót M. Martin írta, akinek *a Stories of Banks and Bankers* (Történetek bankokról és bankárokról) című könyve néhány érdekes tényt közölt. Nathan soha nem fizetett alkalmazottainak egy centtel sem többet, mint amennyi a megélhetésükhöz szükséges volt, vagy legalábbis egy fillérrel sem többet, mint amennyit kényszerítettek rá.

Lionel Rothschildról írva Reeves a következő megjegyzéseket tette könyvében, a 205–207. oldalon:

> Lionel gondolatai kizárólag hatalmas vagyonának megszilárdítására összpontosultak. Vállalkozásait nag -i óvatosság jellemezte. Lionel különösen aktív volt a külföldi kölcsönökkel kapcsolatos tárgyalásokban, mivel ezt a jövedelmező és viszonylag kockázatmentes üzletágat minden másnál előnyben részesítette. Élete során cége nem kevesebb, mint tizennyolc állami kölcsön kibocsátásában vett részt, amelyek összértéke hétszázmillió dollárra rúgott. E tranzakciók részleteibe belemenni annyi lenne, mint Európa pénzügyi történetét elmesélni.

Hogy megértsem, hogyan prosperáltak a Rothschildok, különösen az európai és valójában a világ kormányainak pénzkölcsönzésében, amely a szakértelmükre jellemző terület volt, tanulmányoztam John Reeves munkáját, akinek könyvére már többször hivatkoztunk, és amelyre a mű hátralévő részében is hivatkozni fogunk, valamint a British Museumban található dokumentumok forrásait.

9. FEJEZET

Az amerikai néger rabszolgaság egy gyakran figyelmen kívül hagyott aspektusa

Mielőtt rátérnék a Rothschildok által Amerikában folytatott sikeres pénzügyi tevékenységre, röviden kitérnék a rabszolgaság kérdésére, amely az utóbbi években felmerült. Egyesek szerint a néger rabszolgák leszármazottait kárpótolni kellene az őseikre nehezedő szenvedésekért.

Ez fontos kérdés, tekintve, hogy a Rothschildok a rabszolgaságot ürügyként használták az amerikai polgárháború szítására. Az ötlet állítólag Benjamin Disraelitől, Lioneltől és Jamestől származik, akik Lionel lányának esküvője után ültek le vacsorázni, amelyre az összes Rothschild Londonban összegyűlt. Cherep-Spiridovich gróf szerint:

> ...A Rothschildok indították el az amerikai polgárháborút.

Bár 1812 óta fennálltak viták a Dél és az Észak között, a háború talán soha nem tört volna ki, ha nem lett volna a Rothschildok rejtett keze.

A szenvedélyek manipulálásával és felkavarásával a vita háborús okká vált, annak ellenére, hogy a Dél kezdett rájönni, hogy a rabszolgaság nem jelent gazdasági előnyt.

Az Egyesült Államokban soha nem lett volna szabad megengedni a rabszolgaságot, de sajnos mégis megengedték. Különböző fajta rabszolgaság létezik. Európában a szegények a nyomorúságos szegénység és a megaláztatás rabszolgaságában éltek. Angliában és Írországban nagyjából ugyanaz volt a helyzet. A szegények szörnyű körülmények között éltek. Fiaikat besorozták a fegyveres erőkbe, és közülük milliók vesztették életüket.

A brit tábornokok, különösen Lord Douglas Haig, arról voltak híresek, hogy nem törődtek a súlyos veszteségekkel, amelyeket szenvedtek. Írországban milliók haltak éhen. Bár a rabszolgaságot általánosan el kell ítélni, Amerikában mégis tolerálták, de összehasonlításképpen az európai, ír és angol szegény rétegek ugyanolyan nagy nehézségeket szenvedtek, mint az amerikai rabszolgák.

Egy alkalommal felmerült a kérdés, vajon az amerikai rabszolgák cserélnének-e helyet az ír és angol rabszolgákkal. De a kvékerek és az „abolicionisták" rejtett keze folyamatosan rágalmazta a Délt, amíg a démonok, akik az egész rabszolgaság-kérdést felkavarták, el nem érték a céljukat.

Az amerikai néger rabszolgák általában nem voltak kitéve ilyen borzalmas körülményeknek. Így amikor megvizsgáljuk az amerikai rabszolgaságról szóló, az abolicionisták és a kvékerek által írt, hirdetett és kifejtett, néha eltúlzott leírásokat, ha elfogulatlanok vagyunk, be kell vallanunk, hogy viszonylagosan az amerikai néger rabszolgákat sokkal jobban kezelték, mint a szegényeket Európában és Nagy-Britanniában:

> A 19·század elején Nagy-Britannia – a kormányzás téves elveinek, valamint a kereskedelem és az ipar tudatlan és vak ápolásának köszönhetően – olyan államnak tűnt, amelyet a legszélsőségesebb és egymással ellentétes végletekbe hajtottak.
>
> Bár büszkélkedett Európa legszabadabb alkotmányával, Anglia mégis a legnagyobb zsarnokságot rejtette magában; határtalan gazdagsággal rendelkezett, mégis hagyta, hogy Írország szegény parasztsága éhen haljon, míg a munkásosztály körében uralkodó nélkülözés és nyomor -ben

> olyan nagy és leírhatatlan volt, hogy lázadással és felkeléssel fenyegetett.
>
> A szegényebb osztályok által elszenvedett nehézségeket súlyosbította politikai rendszerünk szégyenletes állapota. Az erkölcs háttérbe szorult; a megvesztegetés és az intrikák voltak a napirenden. Mindenki gondolatait elterelte mások szenvedéseinek teljes elfelejtése.
>
> A korrupció annyira elterjedt volt, hogy a korona és a választókerületek függetlensége veszélybe került. (Sir William Molesworth)
>
> 1797-ben az angol bankok mélyen kínos helyzetbe kerültek, főként a kormány követelései miatt, amely évente milliókat kölcsönzött a háborúra és a kontinentális hatalmak felének támogatására. (John Reeves, *The Rothschilds,* 162. oldal)

Úgy tűnik, hogy még a Rothschildok sem tudták elhinni szerencséjüket. A „Sidonia" nevű karakter, akit Disraeli alkotott meg *Coningsby című* regényében, és aki valójában Nathan Rothschildon alapult, így szólt:

> Lehet-e bármi abszurdabb annál, hogy egy nemzet egy magánszemélyhez forduljon hitelképességének, és ezzel együtt birodalmi létezésének fenntartása érdekében? (248. oldal)

Ez nagyon pontosan leírta a Rothschild bankárokat és a brit kormány feletti hatalmukat, amelyet kiterjedt kölcsönök révén gyakoroltak.

Nem csoda, hogy Garfield elnök egyszer azt mondta: „Aki az pénzt irányítja, az irányítja azt a nemzetet." A Rothschildok leszármazottai folytatták ezt a hagyományt. Például Lionel Rothschild finanszírozta a brit kormány szuezi-csatorna-projektjét. Több mint valószínű, hogy Lionel pénzügyi támogatása nélkül a Szuezi-csatorna nem került volna kiásásra.

Lionel Rothschild volt az, aki előteremtette azt a 20 millió dollárt, amelyet a brit kormány fizetett a Khedive-től megvásárolt földterületért. De mint minden vállalkozásuknál, Lionel magas hozamot követelt és kapott is: 500 000 fontot néhány aláírásért, ami -nak alig néhány órába került.

Sokkal korábban Mayer Amschel úgy érezte, hogy a Rothschildok javát szolgálná, ha fiát, Nathant Angliába küldené, ahol az Manchesterben telepedett le. Sir Thomas Buxton szerint az ok, amiért Amschel úgy döntött, hogy Nathant Manchesterbe küldi, már részben kifejtésre került a jelen írásban.

1789-ben számos angol gyártó küldött embert Frankfurtba, hogy felajánlja áruját. A Rothschildok trükkje abban állt, hogy sokáig ott tartották, majd később a legnagyobb megrendelést adták neki Németországra.

Eközben Nathant Manchesterbe küldték, ahol felvásárolta az összes rendelkezésre álló pamutot és festéket. Amikor a képviselő megrendelésekkel tért vissza Manchesterbe, a gyártóknak Nathantól kellett beszerezniük ezeket az anyagokat, aki háromszoros árat számított fel nekik, sőt, megtagadta az áruk eladását, így arra kényszerítve őket, hogy hatalmas „kártérítést" fizessenek apjának. Ezután elvitte a gyapotot és a festékeket néhány gyártóhoz, akik a legalacsonyabb áron gyártották le neki az árut. Ez az aljas trükk sok embert tönkretett Manchesterben.

Ez a kifosztás nagy felháborodást keltett Manchesterben. Nathan megijedt és Londonba menekült, ahol a londoni tőzsde szélesebb teret nyújtott kizsákmányolásának. Későbbi években a tőzsde egyetlen tagja sem dicsekedhetett azzal, mint Nathan, hogy öt év alatt 2500-szeresére növelte tőkéjét. (John Reeves, *The Rothschilds*, 167. oldal)

A British Museumban található dokumentumok egy másik okot is megemlítenek arra, hogy Nathan miért ment hirtelen Londonba:

Az ok az is volt, hogy Amschel rábeszélte IX. Vilmos hesseni-kasseli herceget (1785–1821), hogy londoni ügyleteit a van Notten bankból Nathan kezébe helyezze át. Természetesen „véletlenül" a frankfurti Illuminátusok egész bandája Nathan-nal együtt Londonba ment, hogy ott is megpróbálják ugyanezt tenni, de a britek túl okosak voltak ahhoz, hogy becsapják őket.

Amikor Franciaország lerohanta Németországot, IX. Vilmos [akit azóta választófejedelemnek neveznek] 3 000 000 dollárt adott Amschelnek, aki ezt továbbküldte Nathannek Londonba, hogy megakadályozza, hogy az összeg Napóleon kezébe kerüljön. Éppen abban a pillanatban az Indiai Társaságnak 4 millió dollárnyi aranya volt. Nathan megvette, és emelte az árát. Londonban monopolizálta az aranyat. Ez a rendszer máig fennmaradt, és még ma is N. M. Rothschild határozza meg minden reggel az arany árát, és a Rothschild-féle „fixing" az egész világon „hivatalos" aranyárként elfogadott.

Ő [Nathan] tudta, hogy Wellington hercegnek szüksége van rá. Nathan a herceg váltóit is nagy diszkonttal vásárolta meg. A kormány kölcsönt kért Nathantól az aranyából, ő pedig átutalta azt Portugáliába. Nathan kölcsönadta az aranyát, és azt visszakapta, de a herceg váltóinak teljes értékű visszafizetését kikényszerítette. Így 50%-os nyereséget ért el. Ezután ismét 15%-os kamatra kölcsönadta az aranyát, visszakapta, és hatalmas jutalék mellett Portugáliába szállította.

A hercegnek szüksége volt erre az aranyra, hogy kifizesse a hadseregének felszerelését biztosítókat, akik mind portugál, spanyol és holland- i zsidók voltak. Így Wellington egy font aranyat sem kapott, csak utasításokat Nathan portugáliai ügynökeihez, akiket Rothschild fizetett ki Frankfurtban. Ez a művelet 100%-os nyereséget hozott Nathannek. Így a Rothschildok hatalmas nyereséget értek el a tartománygróf pénzéből, de az összes nyereséget maguknak tartották meg. (Maria O'Grady és John Reeves)

Mint korábban említettem, Mayer Amschel leszármazottai a világ leghatalmasabb embereivé váltak. Az egyik példa, amely talán minden másnál jobban alátámasztja ennek a megállapításnak az igazságát, az a beszámoló, amelyben James Rothschild legyőzte I. Miklós orosz cárt. A fordulatot az orosz forradalmár, Hertzen jelentette:

> A hírhedt író, Alexander Hertzen, az orosz forradalmi mozgalom egyik úttörője (szítója) kénytelen volt elhagyni az országot. (Valójában kénytelen volt a rendőrség előtt alig néhány órával elmenekülni Oroszországból). Londonba érkezett, ahol The Bell címmel orosz újságot indított. Hertzen azonban gazdag ember volt, aki száműzetésbe vonulása előtt vagyonát állampapírokba fektette. Az orosz kormány ismerte Hertzen kötvényeinek számát, és amikor azokat a száműzött londoni megérkezésekor fizetésre bemutatták, I. Miklós, abban a reményben, hogy ezzel megsemmisíti ellenségét, utasította a szentpétervári kormánybankot, hogy utasítsa el a kifizetést.
>
> A bank természetesen engedelmeskedett. De Hertzen szerencséjére a Rothschild család idősebb tagja a védelmére kelt. Utóbbi tájékoztatta a cárt, hogy mivel Hertzen kötvényei ugyanolyan értékesek, mint bármely más orosz kötvény, kénytelen volt megállapítani az orosz kormány fizetésképtelenségét.
>
> Ha a kötvényeket nem fizetik ki azonnal, akkor az európai pénzpiacokon csődbe fogja nyilvánítani a cárt. Miklós vereséget szenvedett. Elnyomta büszkeségét, és kifizette a kötvényeket. Hertzen maga is elmeséli a történetet a *The Bell* című művében, „Rothschild király és I. Miklós császár" címmel. (*The Fortnightly Review*, Dr. A. S. Rappaport, 655. oldal)

Ezekből a beszámolókból látható, hogy mennyire elhalványul a valóság fényében az a legenda, miszerint Amschel Rothschild zálogházasként szerezte meg vagyonát, és mégis tovább él az a mítosz, hogy a zálogkölcsönzés volt Rothschild vagyonának kezdeti forrása. Ma már tényként állítható, hogy ennek az állításnak nagyon kevés, ha egyáltalán van, alapja van.

Amikor Lionelről a „Sidonia" álnév alatt beszélt, Disraeli számos utalást tett gazdája valódi jellemére:

> „Lehetetlen volt átlátni rajta. Őszintesége szigorúan a felszínre korlátozódott. Mindent megfigyelt, bár túlságosan óvatos volt, de elkerülte a komoly vitákat. Szeretet nélküli ember volt."

John Reeves szerint:

> ...A Rothschild fivérek, teljes mértékben tudatában lévén Nathan Mayer kiemelkedő intellektuális képességeinek, szívesen elismerték őt a legalkalmasabbnak arra, hogy irányítsa minden fontos ügyletüket. (*The Rothschilds*, 64. oldal)

A londoni British Museumban felfedezett sok érdekes tény közül az egyik legérdekesebb az a történet, amely a világ valaha ismert egyik legnagyobb propagandagépezetévé váló intézmény alapítóiról szól. A Tavistock Institute for Human Relations-re gondolok, amely a brit uralkodó elit első számú agymosó agytrösztjévé vált. A Tavistock Intézet hatalmas szervezetté nőtte ki magát, amely ma az Egyesült Államokat és Nagy-Britanniát uralja. Ez a hatalmas szervezet 1914-ben, az első világháború kitörésekor jött létre a londoni Wellington House-ban.

Nem volt könnyű feladat megszervezni egy olyan propagandagépezetet, amely meggyőzné a vonakodó brit népet arról, hogy a Németországgal vívott háborút a brit életmód fennmaradásához szükségesnek tekintsék, mivel abban az időben a nép többsége nem vágyott háborúra Németországgal, és heves ellenállás volt ellene. A propagandavállalkozás vezetésével Lord Northcliffe-et és Lord Rothmere-t bízták meg. Valójában mindkét férfi házasság révén közvetlen kapcsolatban állt a Rothschildokkal.

Nathan Rothschild II három lányának egyike Charlotte volt, aki 1807-ben született, és unokatestvéréhez, Anselm Salomonhoz ment feleségül, aki Salomon fia volt, Amschel és Caroline Stern, a frankfurti Stern család második gyermeke. A Stern család közvetlen rokonságban állt az angol Harmsworth családdal, akik közül az egyik „Lord Northcliffe", a másik pedig „Lord Rothmere" lett.

A Tavistock Intézetről szóló részletes információkért olvassa el: The Tavistock Institute of Human Relations: Shaping the Moral, Spiritual, Cultural, Political and Economic Recline of the United States of America. (2006)

Jacob (James) Rothschild kétségkívül a legjelentősebb volt Franciaországban, hiszen gyakorlatilag ő nevelt ki számos francia politikust és vezetőt, akik pozíciójukat neki köszönhették. Hosszú utat tett meg attól a tizenhárom éves fiútól, aki alig járt iskolába, hanem inkább apját, Mayer Amschelt kísérte a Németországon átívelő számos utazásán.

Ott szembesült a zsidókra vonatkozó korlátozásokkal, akik a fejedelemségek határain átutaztak, és minden alkalommal kénytelenek voltak fizetni a Liebzoll nevű fejenkénti adót. James mindig is el akart menni Frankfurtból, és követni akarta Nathan testvérét, a (a nagy pénz) képviselőjét Londonba, de Amschel ehelyett Párizsba küldte. 1811 márciusában hagyta el Frankfurtot, hogy abba a városba költözzön. Párizsba érkezése nem maradt észrevétlen Mollien pénzügyminiszter számára, aki jelentette azt Napóleonnak: „Egy frankfurti férfi, aki jelenleg Párizsban tartózkodik, és aki Rotschildnak (sic) nevezi magát, főként guinea-csempészéssel foglalkozik az angol partokról Dunkirkbe."

Francois-Nicholas Comte Mollien Napóleon legfőbb tanácsadója volt, aki 1806 és 1814 között a pénzügyminiszteri posztot töltötte be.

James érkezése bizonyára fontos esemény volt Napóleon

számára, aki nem tudhatta, milyen nagy szerepet fog James Rothschild játszani bukásában, és természetesen a Rothschildok nem csak csempészéssel foglalkoztak, bár ez a tevékenység széles körben elterjedt és nagyon jövedelmező üzlet volt számukra. Amikor a britek blokád alá vonták Franciaországot, Mayer Amschel ezt aranybányának látta, és valóban aranyat is szerzett.

Huszonkét évesen James meglehetősen vonzó fiatalember volt, akinek viselkedése szinte alázatos volt. Néhány kortársa nem volt ilyen kedves. Castellane, aki Mirabeau-val és Clement-Tonnerre-rel együtt Párizs magas rangú nemességéhez tartozott, James-t rettenetesen csúnyának találta, annak ellenére, hogy ő a Rothschildok Adonisa. (*Baron James,* Anka Muhlstein, 61. oldal)

Mások még keményebbek voltak:

> Szörnyű arc, a leglaposabb, legzömökebb, legfélelmetesebb fajta békaarc, vérerese szemekkel, duzzadt szemhéjakkal és nyálas szájjal, amely úgy hasított, mint egy malacka-persely, egyfajta arany-szatrapa, ez a Rothschild. (Goncourts, *Journal* Paris 1854 III. kötet, 7.)

James 1814-ben Párizsban kezdte meg pályafutását, amikor a Kereskedelmi Bírósághoz fordult bankháza bejegyzésének elfogadásáért.

Előtte csupán a frankfurti „központi iroda" képviselőjeként működött. Ez nem változtatott a közte, London és Frankfurt közötti szilárd kapcsolaton; inkább formalizálta azt, és nagyobb státuszt biztosított neki Párizsban. Ekkor kezdett el adóbeszedéssel foglalkozni a francia kincstár számára, és széles körű pénzkölcsönzésbe fogott.

Amikor a király sorsa megfordult, és a Restauráció (Napóleon 100 napja) idején már nem számított, ki állt az ügyek élén, mindenki James Rothschildnak tartozott hálával.

Úgy tűnt, képes volt oldalt váltani anélkül, hogy a legcsekélyebb mértékben is elvesztette volna tekintélyét vagy befolyását.

Napóleon waterlooi bukása, amelyet testvére, Nathan szervezett meg Londonból, nagyon jövedelmező kapcsolatot eredményezett Lajos királlyal, akinek a hatalomra való visszatérését a Rothschildok tették lehetővé a szükséges tőke kölcsönzésével. Napóleon és kormányának aláásása a Rothschildok műve volt, akik most élvezték a Restauráció által hozott bőséget.

Napóleon alig leplezett zsidóellenessége hozzájárult bukásához. A Rothschildok félelemben éltek Napóleon miatt, miután az megtagadta a keresztény királyok és nemzetek megtámadását. A béke visszatérésével a bankárok kölcsönadása lett a legnagyobb és legjobb lehetőség a pénzszerzésre, és a Rothschildok ezt teljes mértékben kihasználták.

10. FEJEZET

Nathan Rothschild rendezi a francia adósságokat

A francia kormánynak rendeznie kellett háborús kártérítéseit, és ehhez pénzt kellett kölcsönkérnie. Azzal, hogy kölcsönadta XVIII. Lajosnak a diadalmas, de méltóságteljes visszatéréshez szükséges pénzt, Nathan Rothschild biztosította James számára a „helyet a nap alatt". A pénzösszeg állítólag 5 millió frank volt.

Hűen az öreg Mayer Amschel tanításaihoz, Nathan semmit sem tett ingyen. A kölcsönnel kapcsolatos terve az volt, hogy rávegye a királyt, nyissa meg James előtt a kaput a társadalom felső köreibe, amelyek élén a párizsi miniszterelnök, Richelieu herceg állt.

Richelieu eleinte ellenállt, de fogalma sem volt arról, milyen kitartó tud Nathan lenni. Nagy nyomást gyakorolt rá Osmond márki, a francia nagykövet Londonban, és Esterházy gróf, az osztrák nagykövet, akik mindketten nagy adóssággal tartoztak Nathannek. Végül, bár rendkívül irritálta az ilyen illendőtlen nyomás, Richelieu beleegyezett, hogy fogadja Jamest. De ezzel nem ért véget a dolog.

Ezt követően James a német von Thurn és Taxis családtól kapott „különleges információk" átadásával magához édesítette Decazes rendőrfőnököt; a családnak ugyanis a postai szerződés volt a birtokában. Egyszerűen felbontották a Rothschildok számára érdekes leveleket, majd a tartalmukat továbbították Jamesnek Párizsba, Nathannek Londonba vagy Mayernek Frankfurtba. Érdemes megjegyezni, hogy a von Thurn és Taxis család a 300-as Bizottság tagja. Kettős előnye volt annak, hogy az így megszerzett információkat Decazesnek adták át, ahelyett, hogy de Richelieu-nek adták volna, akinek azok jártak volna. Cserébe Decazes folyamatosan tájékoztatta Jamest minden folyamatban lévő zsidóellenes lépésről vagy a bankja ellen irányuló politikai intrikáról.

Mivel fontos személyekből álló köre egyre szélesebb lett, James úgy döntött, hogy szüksége van egy státuszához jobban illő otthonra, ahol a tőle elvárt pazar stílusban fogadhatja vendégeit. Egy ilyen otthont talált a Rue La Fitte-en, egy korábban Hortense királyné tulajdonában lévő kúriában, amely korábban egy Laborde nevű párizsi bankáré volt, aki 1794-ben a guillotine áldozata lett. Hortense, Josephine császárné lánya, Napóleon testvérével, Louis-val kötött házasság után Hollandia királynéja lett.

Jamesnek egy vagyonba került a ház átalakítása és felújítása; egyesek szerint a számla több mint hárommillió frankra rúgott. Amikor 1834-ben elkészült, a városban mindenki erről beszélt.

Heinrich Heine, a német-zsidó kommunista filozófus, az Orléans-i herceg és Leopold koburgi herceg gyakori vendégek voltak James fényűző estélyein.

Amikor Metternich herceg és kísérete, köztük a zseniális porosz Friedrich von Gentz, aki a nagy ember bizalmát élvezte, Párizsba érkezett, James olyan partit rendezett, amely felülmúlta mindazt, amit a király visszatérése óta Párizsban láthattak. Még a hatalmas Wellington herceg sem merte visszautasítani James meghívását, amikor Párizsba látogatott.

James pártfogolta von Gentzot, és kihasználta a nők iránti gyengeségét – a sok nő iránti gyengeségét –, és „könnyű feltételekkel", ahogy ma mondanánk, biztosította számára a szükséges pénzt. Von Gentz megkapta minden nőt, akit csak elbírt, ráadásul sok más luxust is, amit eddig nem engedhetett meg magának. Így lett James von Gentz „tulajdonosa".

> James palotája mindenféle politikusok, különösen azok számára vált vonzerővé, akik nyíltan támogatták a kommunistákat és a szocialistákat. Az egyik ilyen személy Ludwig Borne volt, aki erőteljesen támogatta azt az elképzelést, hogy Európa összes királyát le kell trónról taszítani, és helyükbe James-t kell állítani, kivéve Louis Philippe-et, akit Párizsban koronáznának meg, így a koronázási szertartást nem a pápa, hanem James Rothschild vezetné le. (*Notre Dame de la Bourse*, 1832. január 22.)
>
> Mint korábban említettük, James Rothschild pártfogoltja volt Heinrich Heine, a német költő, aki elhagyta szülőföldjét és Párizsban telepedett le; nem biztos, hogy azért, hogy Rothschild közelében lehessen, vagy politikai okokból. Heine nyíltan kommunista volt, és nagy valószínűséggel szerepelt a német rendőrség felforgatók listáján, és ez lehetett az egyik oka annak, hogy Párizsban telepedett le. Rothschild számtalan módon segítette Heine-t, nem utolsósorban anyagi téren. Heine forradalmárnak tartotta Jamest, és dicsérte azért, hogy „az elsők között ismerte fel Crémieux értékét...". Herr von Rothschild egyedül fedezte fel Emile Pereire-t, a vasutak pontifex maximusát. (Olivia Maria O'Grady)

Ez nem teljesen igaz, amint azt kiderítettem, amikor megvizsgáltam azt a profit szempontot, amely James-t arra késztette, hogy befektessen az új divatba. Pereira egy fiatal szefárd zsidó volt, akit James alkalmazott a kivitelezési munkák napi felügyeletére. Mindezek ellenére James és Nathan nem tért el messzire a Mayer Amschel által tanított üzleti trükköktől, nevezetesen attól, hogy soha ne veszítsék szem elől azt a célt, hogy a pénz minden.

Egyik üzlet, a sok közül, amelyet Jamesnek és Nathannek ajánlottak, az volt, hogy hivatalos ügynökök legyenek az elzászi Colmarban állomásozó osztrák csapatok kifizetéseinek lebonyolításában. A Rothschildok nyerték el a szerződést, mivel alulárazta -i versenytársaikat. Az üzlet kockázatos volt, mert érmék szállítását jelentette banditákkal teli területeken, ami drága biztosítást tett szükségessé. Ahelyett, hogy fizikai érméket szállított volna, James elintézte, hogy a Rothschildok hiteleket nyújtsanak a helyi bankoknak, amelyekből a katonákat kifizették. A kockázat kiküszöbölésével James és Nathan jelentős jutalékokat tudtak zsebre tenni.

Ez lett az új üzlet alapja: a kontinens egész területén és Londonba történő pénzátutalásokat ezentúl így bonyolították le, és a Rothschildok monopoliumot szereztek.

Annak érdekében, hogy az olvasóknak egy kis ízelítőt adjak James hatalmas hatalmából, elmesélem a következő ügyet, amely az egyik *leghíresebb ügyévé* vált, és megmutatta, milyen messzire nyúlhatott hatalmas karja. Egy bizonyos Thomas atya és szolgája 1840 áprilisában eltűnt Damaszkuszban. Gyilkosság gyanúja merült fel, és a gyanúsítottakat, akik véletlenül zsidók voltak, letartóztatták, mire beismerték a gyilkosságot.

> A világ zsidósága azonnal hevesen tiltakozott, hogy a letartóztatott zsidók ártatlanok, és vallomásukat kínzás alatt tették. James és Salomon azonnal együttes nyomást gyakoroltak a uralkodóra, Salomon pedig rávette Metternich osztrák herceget, hogy tegyen lépéseket.
>
> Von Laurin osztrák konzul tiltakozott Mohammed Ali előtt, és közvetlenül Jamesnek és Salomonnak is beszámolt a megtett lépésekről. A damaszkuszi francia konzul azonban, aki a helyszínen tartózkodott, egészen másképp ítélte meg a gyilkosságot és a vádlottakat, mivel a politikai helyzet feszült volt; Louis Philippe nem merte kockáztatni, hogy indokolatlanul támogatást nyújtson a zsidóknak a keresztényekkel szemben. James Salomonhoz írt levele rendkívül fontos. Egyértelműen feltárja azokat a háttérmunkákat, amelyeket az Rothschildok alkalmaztak a kormányok nyomás alá helyezésére és a közvélemény formálására: Sajnos erőfeszítéseim még nem hozták meg a kívánt eredményt. A kormány nagyon lassan jár el ebben az ügyben; az osztrák konzul dicséretes fellépése ellenére, mert az ügy túl távoli, így a közvélemény érdeklődése nem ébredt fel eléggé iránta. Eddig csak annyit sikerült elérnem, hogy –

> amint azt a mai Monitor is közli – elintéztem, hogy az alexandriai alkonzul utasítást kapjon a damaszkuszi konzul magatartásának kivizsgálására.
>
> Ez csupán ideiglenes intézkedés, mivel a helyettes konzul a konzul alá tartozó, így nincs hatalma az utóbbit tetteiért felelősségre vonni. Ilyen körülmények között az egyetlen lehetőség az itteni mindenható módszer, azaz az újságok segítségének igénybevétele, ezért ma egy részletes beszámolót küldtünk a Debates és más lapokba az osztrák konzul jelentései alapján, és elintéztük, hogy ez a beszámoló hasonló részletességgel megjelenjen az augsburgi *Algemene Zeifungban* is.
>
> Természetesen közzétettük volna Herr von Laurin nekem írt leveleit ebben az ügyben, ha nem éreztük volna úgy, hogy ezt csak Metternich herceg őfelsége előzetes engedélyének megszerzése után tehettük volna meg.
>
> Ezért, kedves testvérem, mivel meg vagyok győződve arról, hogy szívesen megteszel mindent e méltányos ügy érdekében, arra kérlek, kérd meg a herceget, hogy jóságában engedélyezze e levelek közzétételét. Azok a kegyes, emberséges érzelmek, amelyeket a herceg e szomorú esemény kapcsán kifejezett, arra késztetnek bennünket, hogy bizakodva reméljük, hogy ezt a kérést nem utasítják el.
>
> Amikor megkapod a kívánt engedélyt, kérlek, kedves Salomon, ne csak *az Osterreicher Beobachterben* tedd közzé azonnal a leveleket, hanem légy olyan kedves, és küldd el őket azonnal egy rövid kísérőlevéllel az *Augsburger Zeitungnak* is, hogy azokon a csatornákon keresztül is eljussanak a nyilvánossághoz. (*The Untold History*, Cherep-Spiridovich gróf)

Néhány, a Rothschildok irányítása alatt álló fontos államférfi kezdett aggódni hatalmuk és befolyásuk miatt.

Egyikük Metternich herceg volt, aki Salomon Rothschild szigorú ellenőrzése alatt állt, és akit ő csupán a Rothschild-család

„szolgájának" tekintett. Miután Ausztria szuverenitásának jelentős részét elcserélte, Metternich komoly kétségei támadtak:

> Olyan természetes okok miatt, amelyeket nem tartok jónak vagy erkölcsösnek, a Rothschild-ház sokkal jelentősebb befolyással bír a francia ügyekben, mint bármely ország külügyminisztériuma, talán Angliát kivéve. A nagy hajtóerő a pénzük. Azoknak, akik a jótékonyságban reménykednek, és akiknek az arany súlya alatt minden kritikát el kell fojtaniuk, nagyon sokra van szükségük belőle. A korrupció tényével a modern képviseleti rendszerben a szó legteljesebb értelmében vett gyakorlati elemként, teljesen nyíltan foglalkoznak.

Metternich túl későn jött rá, hogy Ausztria eladásával pontosan a nemzetközi forradalmárok kezére játszott, és amikor a forradalmi tüzek lángra lobbantak, magas rangja ellenére Metternich hercegnek Salomon Rothschildtól kölcsönzött pénzből kellett elmenekülnie Bécsből.

A történészek kételkednek abban, hogy Metternichnek valaha is volt fogalma azokról a forradalmi erőkről, amelyek felszabadításához akaratlanul is hozzájárult. A British Museumban található dokumentumok szerint a világforradalom 1848-ban kezdett felgyorsulni, méghozzá abban az évben januárban, Szicíliában.

> Úgy tűnt, hogy Európa nagyvárosaiban izgalom hullámai kavarognak. A zavargások Nápolyra is átterjedtek. Párizsban a barikádok felett lobogott a vörös zászló. A szocialista forradalmárok 1848. február 22-én véres felkelésre vezették a munkásokat és a diákokat, és Guizot lemondott. (Olivia Maria O'Grady)

Állítólag James Rothschild túlbecsülte Louis Philippe királyt, azt gondolva, hogy szimpatizál a forradalmi eszmékkel.

William Langer professzor, a Harvard Egyetem Coolidge történelemprofesszora szerint... a republikánusok és más radikálisok forradalmi uralkodóként fogadták el Louis Philippe-et, csakhogy túl későn jöttek rá hibájukra.

Ez meglepő, mivel James Rothschildról köztudott, hogy nagyon éles szemű ember volt, aki a politikai helyzetet úgy tudta olvasni, mint egy útitérképet. Nem lehet biztosan állítani, de lehetséges, hogy Marsall Soultnak, Nathan Rothschild közeli barátjának, aki Brioglie hercegével, Thiers-szel és Guizot-tal – akik közül az utóbbi kettő kifejezetten konzervatív politikai nézeteket vallott – minisztériumot alakított, köze volt ehhez.

1830-ban Olaszországban és Lengyelországban megkezdődtek a Marx és a Szocialista Internacionálé által felkeltett munkáskövetelések, amelyeknek a kormányok nem tettek eleget. A radikális agitáció és az erőszak 1831-ben is folytatódott Franciaországban:

> 1831 novemberében nehezen verték le a lyoni munkások nagyszabású felkelését. Ezt követően gyorsan elterjedtek a titkos társaságok. A sajtószabadság rendszerében a királyt kíméletlenül támadták, és a radikális újságokban kegyetlenül karikírozták, különösen Honorare Daumire. 1834-ben nagy lázadások voltak Párizsban és Lyonban, amelyeket rendkívüli szigorral verték le. 1845-ben a radikális Fieschi merényletet kísérelt meg Louis Philippe ellen, de a kísérlet nem járt sikerrel. Ezt követően, 1836-ban a király kormányt alakított, amelyet személyes barátja, Louis Mole ezredes vezetett a jobboldali közép vezetője, Guizot mellett; de ő összefogott a baloldali közép párttal, és megdöntötte Mole hatalmát. (*A nem mesélt történelem*, John Reeves)

Folytatva a *The Untold History* című művet:

> Az 1848-at megelőző forradalmi tevékenységek olyan embereket, mint Karl Marx, Friedrich Engels és Louis Napoleon Bonaparte száműzetésbe kényszerítettek a kontinensről. Anglia volt a menedékük. 1848-ban visszatértek a kontinensre, hogy részt vegyenek a forradalmakban. 1848. február 24-én a chartának, az

alkotmánynak és a parlamentáris kormányzásnak hirtelen vége szakadt.

Egész Párizsban nem láttam egyetlen milicistát, katonát, csendőrt vagy rendőrt sem. Eközben a felsőbb osztályokat teljes rémület fogta el. Nem hiszem, hogy a forradalom (1789–94) bármelyik időszakában is ilyen nagy lett volna a félelem. (Victor Hugo, *Choses vues*, 268. oldal)

James még néhány napig maradt, és Feydeau, a Nemzeti Gárda egyik tagja megfigyelte:

Dél körül láttam két úriembert, akik karöltve, nyugodtan sétáltak ki a Rue de la Paix-ről, és a Tuileries felé tartottak. Az egyiket felismertem: Rothschild báró volt. Gyorsan odamentem hozzá. „Messeur le Baron" – mondtam –, „úgy tűnik, nem a legalkalmasabb napot választotta a sétára. Szerintem jobb lenne, ha hazatérne, ahelyett, hogy kiteszi magát a minden irányból száguldó golyóknak."

De a báró biztosította róla, hogy biztonságban van, és szükség van rá a Pénzügyminisztériumban. Louis Napóleon először Franciaország elnöke, majd császár lett; Marx és Engels csatlakoztak a Kommunista Liga alapításához, majd a forradalmak kudarcával visszatértek Angliába, míg mások, köztük Joseph Wedermeyer, az Egyesült Államokba emigráltak… (Olivia Maria O'Grady)

A sedani csata és III. Napóleon poroszok általi elfogása után (1870. szeptember) Párizs, tévesen azt gondolva magáról, hogy ő a francia nemzet szíve, agya és egyéb szervei, míg Franciaország többi része elmaradott, primitív, szinte barbár függelék, egy sor forradalmon ment keresztül (Franciaország nevében), amelyek csúcspontja az 1871-es Párizsi Kommün volt, ami csak annyit ért el, hogy a nemzetet az ellenség előtt térdre kényszerítette és annak megvetésének tette ki. Langer professzort idézve:

1840 és 1847 között Guizot vált a vezető figurává. Guizot

> 1847-ben lett miniszterelnök, és 1848-ig maradt hatalmon, amikor lemondott. Az utcai zavargások a februári forradalomhoz vezettek.

Folytatva az 1848-as események leírását a British Museum iratai és dokumentumai, valamint John Reeves *L'Alliance France-Allemande* et *Les Forces Titanique, The Rothschilds* című műve és Olivia Maria O'Grady beszámolói alapján:

> Párizsban a vörös zászló lobogott a barikádokon. A marxista-a forradalmárok 1848. február 22-én véres felkelésbe vezették a munkásokat és a diákokat, és Guizot lemondott. A csapatok megtámadták a barikádokon álló forradalmárokat, ami a lakosságot őrjöngő izgalomba hozta. 24-én a Nemzeti Gárda és a vonalhadosztályok átálltak a lázadók oldalára. A hetvennégy éves Louis Philippe elmenekült az országból.
>
> Marx és Engels felkészültek arra, hogy személyesen vegyék át a forradalom irányítását... Marxra ruházták a teljes forradalmi hatalmat... Lamartine és Arago felkérték a zsidó bankárt, Michael Goudchaux-t, hogy vállalja el a forradalmi pénzügyminiszteri tisztséget. A bankár elfogadta. Caussidere, a barikádok prefektusa, kölcsönt kért James Rothschildtól, hogy kifizethesse forradalmi segítőit. James örömmel teljesítette a kérést. (218–219. oldal)

Miután leírta, hogyan vették át Marx és Engels a különböző forradalmi frakciók irányítását és szervezték meg a felkelést Németországban, O'Grady így írt:

> Április elején Marx és Engels elhagyták Párizst, és Németországba utaztak, ahol a forradalom lángjai már megelőzték őket. A Szent Szövetség Bécs füstje és lángjai között összeomlott, Metternich herceg pedig Solomon Rothschildtól kölcsönzött pénzből menekült el a városból. (219. oldal)
>
> James Rothschild 750 ezer frankot adott Ledru-Rollinnek az 1848-as forradalom támogatására. Azt mondták, hogy Rollin

> azzal fenyegette meg, hogy felgyújtja a Rue Lafitte-en álló Rothschild-palotát, ezért kénytelen volt megtenni. Az 1848. júniusi háromnapos utcai harcokban Louis Eugene Cavalgnac került ki győztesen; azonnal diktatórikus hatalmat ragadott magához, és a Nemzetgyűlés a minisztertanács elnökévé nevezte ki. Rothschild nagy összegű pénzek szabad felhasználásával elnyerte a francia új hatalom tetszését, és Cavalgnac mellett éppoly otthonosan érezte magát, mint korábban Louis Philippe mellett. Hamarosan azt mondták róla, hogy ugyanolyan jó republikánus, mint amilyen jó monarchista volt.

A Francia Munkáspárt a sajátjuknak tekintette. A radikális *Tocsin des Travailleurs* szerkesztője,, így írt:

> Ön egy csoda, uram! Annak ellenére, hogy Louis Philippe elérte a nagykorúságot, bukott, Guizot eltűnt, az alkotmányos monarchia és a parlamenti módszerek a feledésbe merültek; ön azonban megmaradt. Hol vannak Aragon és Lamartine? Ők végük, de ön túlélte. A banki fejedelmek felszámolás alatt állnak, irodáik bezártak.
>
> Az ipar nagy kapitányai és a vasúttársaságok meginganak... ön egyedül marad érintetlenül a romok között.
>
> Bár házát elérte az erőszak első hulláma Párizsban, bár a forradalom hatásai Nápolytól Bécsen át Berlinig üldözik, ön változatlanul áll egy olyan mozgalom előtt, amely egész Európát érintette. A gazdagság elhalványul, a dicsőség megalázkodik, és a hatalom megtörik, de a zsidó, korunk uralkodója megőrizte trónját.

A Párizsi Kommün volt Európa első kommunista kormánya. A Rothschildokról O'Grady a következőket írja:

> A korlátlan pénzforrások felett gyakorolt mesés uralmuk minden akadályt lebontott a Rothschildok előtt. A hatalmas vagyon ragyogása mindenhol növelte társadalmi presztízsüket. A hatalmasságok, a nagy királyok, hercegek és miniszterelnökök keresték a kegyeiket.

Palotákat építettek, és királyi pompával szórakoztatták a „megfelelő embereket”, ami szégyent hozott a monarchiák államügyére. A világ a lábuk előtt hevert, és a zsidóság ügye Európában felvirágzott. Hogy mennyire mesés volt a vagyonuk, az a későbbiekben kiderül.

11. FEJEZET

Franciaország túlélte a kommunista támadásokat

Ezt a jelentős eseményt magam mögött hagyva kutattam a későbbi évekről szóló cikkekben, hogy lássam, folytatódott-e a szál, és kiderült, hogy igen. A Párizsi Kommün sikere után a kommunisták 1871-ben újra megpróbálták, miután Bismarckkal aláírták a versailles-i ideiglenes békét. 1870 szeptemberében III. Napóleon veresége Sedanban olyan csapást jelentett, amelyet a francia birodalom nem tudott túlélni.

Szeptember 4-én a tömeg ismét megpróbálta elfoglalni Párizst, ahogyan azt korábban is tették, amikor James Rothschild részben finanszírozta a forradalmat, de szeptember 19-én a franciákat Sedanban legyőző német hadsereg rohant át Párizsba, és ostrom alá vette a várost.

A kommunisták nem tudták fenntartani támadásukat, és Párizsban csak nyolc napra elegendő élelmiszer maradt. 1871. január 28-án Párizs kapitulált a német hadsereg előtt. A francia csapatokat lefegyverezték, az erődöket elfoglalták. Bismarck engedélyezte a választásokat, és ötmilliárd frank kártérítést követelt Németországtól. 1871 márciusától májusáig a marxista kommunista Nemzeti Gárda, amelyet Bismarcknak nem sikerült lefegyvereznie, 417 ágyút foglalt el, és meggyilkolta Lecomte és Thomas tábornokokat.

Az Internacionálé vezető szerepet játszott a Nemzeti Gárdában

Loeb, Cohen, Lazare, Levi és természetesen Karl Marx révén.[1] A reguláris csapatok kénytelenek voltak visszavonulni, és Párizst a marxista Szocialista Internacionálé kezében hagyni. A német hadsereg támogatásával a francia csapatok megtámadták a párizsi barrikádokat, és megtörték a kommunisták hatalmát. De addig, amíg a francia és német reguláris csapatok támadása meg nem törte a lázadó Nemzeti Gárda által vezetett csőcselék hatalmát, a kommunisták rettenetes megtorlást hajtottak végre. Hatvanhét ártatlan túszot mészároltak le a Vincennes-erődben.

Darboy érsekét, akárcsak számos papját, kutyaként lelőtték. Jeles polgárokat is kivégeztek. Mindez akkor történt, amikor a Harmadik Köztársaság csapatai már bevonultak a városba.

1871. május 20-án a kommunisták benzinnel locsolták le Párizs összes ostromlott részét, és felgyújtották az összes középületet és a legtöbb magántulajdonú ingatlant, beleértve a lakóházakat is. A Tuileries-palotát, a Pénzügyminisztériumot, a Palais Royal-t, az Igazságügyi Minisztériumot, a Városházát és a rendőrségi főkapitányságot mind felgyújtották, és porig égtek.

> Csoda folytán a pompás Rothschild-ház és felbecsülhetetlen értékű vagyona sértetlen maradt. Mint mindig korábban, a Rothschild-ház az 1870–1871-es háború és a Párizsi Kommün veszélyeiből is pénzügyileg megrendülhetetlenül került ki, és továbbra is Európa vitathatatlan ura maradt. A Rothschildok ismét bebizonyították, hogy képesek átállni a monarchiáról a Harmadik Köztársaságra, és ugyanolyan odaadással szolgálni azt.

Alfonse Rothschild természetesen Versailles-ba vonult vissza, és szobát vett ki a Hotel des Reservoirs-ban, ahol a harcok, a fosztogatások és a forradalom borzalmai alatt élt.

---

[1] Mindannyian zsidók. *Szerk.*

Az idézetek Olivia Maria O'Grady művéből, Langer professzor munkáiból és John Reeves *The Untold Mystery* című könyvéből származnak.

Érdemes megjegyezni, hogy míg a tömeg legradikálisabb tagjai ott maradtak, hogy meggyilkolják szerencsétlen áldozataikat, a Párizsi Kommün vezetői kicsúsztak a városból, és Angliába, Svájcba és Latin-Amerikába menekültek. A Párizsi Kommün, miután lejárta idejét, a vérszomj őrületében összeomlott. Aligha kétséges, hogy a Kommün működtetéséhez szükséges hatalmas összeg (amely mindössze két hónapig tartott) a Rothschildoktól származhatott.

> A Kommün vezetői 42 millió frankot költöttek el, ami akkoriban hatalmas összeg volt. Még a legpazarlóbb kiadások mellett is nehéz elképzelni, hogy ennek akár csak a harmadát is elköltötték volna. Ez azt jelenti, hogy körülbelül 25 millió frank eltűnt valahova, valószínűleg Svájcba, és lehetséges, hogy a Francia Nemzeti Bank elnökének, vagy inkább helyettes kormányzójának, Poleis márkinek a poggyászában, aki Beslay-t kísérte Svájcba, amikor utóbbi a Kommün leverése után biztonsági kíséretet kapott az ország elhagyásához. (The Untold History, John Reeves) Az akkori általános vélekedés szerint Beslay, akit a Párizsi Kommün (vagyis közvetve a Rothschildok) nevezett ki a Francia Nemzeti Bank élére, megmentette számukra a pénzt, és a Rothschildok intézték el a biztonsági kísérőleveleket.

Mindenesetre a Párizsi Kommün szégyent és gyalázatot hozott a francia népre, és a szocialista mozgalmat hanyatlásba taszította. Érdekes megjegyezni, hogy a versailles-i előzetes békeszerződést részben Alfonso Rothschild, James Rothschild fia tárgyalta ki. Alfonso lezárta a pénzügyi tárgyalásokat Bismarckkal, és beleegyezett az ötmilliárd frank kártérítés kifizetésébe.

Eduard Rothschild Alfonso Rothschild fia volt, aki James Rothschild legidősebb fia volt, és 1905. május 26-án halt meg, de a francia- a ügyekben a trónöröklési sorrend továbbra is fennmaradt. Később meg fogjuk látni, milyen szerepet játszott Eduard Rothschild és Lord Rothschild az úgynevezett „Balfour-nyilatkozatban", amely a cionista állam létrehozásához vezetett Palesztinában, és amelyben egyébként Disraeli is vezető szerepet játszott uraik, a Rothschildok érdekében. A színfalak mögött mindig vannak emberek, ahogyan azt minden gondolkodó világtörténelem-hallgató tudja.

Milyen szerepet játszott Disraeli a zsidók „hazájában"? Tancred című művében Disraeli így fogalmazott

> „azok a politikai igazságosság napjai, amikor Jeruzsálem a zsidóké volt."

Jeruzsálemről így írt:

> „Láttam magam előtt egy látszólag gyönyörű várost"

, és regényeiben – az Alroyban, a Contariban és a Flemingben – végig írt Jeruzsálem iránti szeretetéről, hangsúlyozva, hogy az a zsidók tulajdona. Hughendonban, vidéki rezidenciáján, Disraeli a látogató Stanleynek beszámolt

> „terveiről, hogy Palesztinát visszaadja a zsidóknak, és hogy a zsidók újra gyarmatosítsák azt."

Milyen szerepet játszott Karl Marx a kommunisták 1871-es párizsi felkelésében? A British Museumban található, két másik forrás által is megerősített feljegyzések szerint:

> Marx diadalmaskodott, és bár hírneve mindenhová elterjedt, mint annak a szörnyetegnek, aki szabadjára engedte a párizsi gyilkos torkvágókat, a londoni Internacionálé tagjai előtt pávaként büszkélkedett. Dicsőítő beszédet tartott a „barrikádok halhatatlan hőseiről".
>
> Amikor a Párizsi Kommün saját kezébe vette az forradalom irányítását, amikor egyszerű munkások először mertek beavatkozni kulturális felsőbbrendűségük kiváltságos

> kormányzásába, a régi világ dühös görcsökben vonaglott a vörös zászló látványától, a munkás köztársaság szimbólumától, amely a Hotel De Ville felett lobogott. (A párizsi városháza)

A Párizsi Kommünből megtanultuk többek között azt, hogy a francia nép többségét kiábrándította, de azok a vezetők, akik a szabadkőművesek és az Illuminátusok segítségével Angliába és Svájcba menekültek, a német, spanyol, orosz és olasz nemzetközi szocializmus felemelkedésének mérföldköveként tekintettek rá. A londoni Karl Marx a nemzetközi marxizmus központjává vált, de közvetlenül mellette állt Engels és a Rothschildok.

Az *Untold History* című műben azt olvassuk, hogy a Rothschildok a frankfurti szabadkőművesek ügynökei voltak, akiknek a hesseni tartománygróf volt a mestere, akinek pénzügyeit a Rothschildok irányították. Ezen a ponton helyénvaló lenne néhány megjegyzés Bismarckról, mivel ő nemcsak Németország, hanem egész Európa sorsának alakításában is jelentős szerepet játszott.

John Reeves szerző *The Rothschilds* című művében azt írja, hogy Bismarckot csupán a Rothschildok szolgájának tekintették, és félig zsidó volt.

A British Museumban található dokumentumok arra utalnak, hogy Bismarck biológiai apja Soult marsall volt, I. Napóleon igazi „waterlooi" ellenfele:

> „Nem bizonyítja ez, hogy Soult marsall volt az igazi apja, és nem az a csendes porosz kisbirtokos, aki Bismarck hivatalos apja volt?"
>
> Miután a Rothschildok legyőzték Napóleont, új vezetőre volt szükségük, és ezt a személyt Otto Bismarckban találták meg. Apja, Vilmos, feleségül vette Louise Menkent [a Menkenek zsidók voltak] – egy ismeretlen származású polgárlányt. elvitte őt vidéki birtokára, amelyet Napóleon francia csapatai hamarosan megszálltak, és egy közeli kastélyban Soult

> marsall felállította főhadiszállását.
>
> Louis közvetlen veszélyben volt, hogy meggyalázzák, Soult pezsgője, ázsiai meggyőző ereje jobban hatott Louis szívére, mint német férje sörje és nehéz esze. Soult azóta rendkívüli figyelmet szentelt Bismarck-Menken asszonynak és fiának, a leendő „Vér és Vas Emberének". Soult a legmagasabb tisztségeket töltötte be Franciaországban, és haláláig minden keresztény uralkodót elárult. A hat év, amelyet Bismarck a berlini Palma Intézetben töltött, csak sajnálatos emlékeket hagyott benne. (Cherep-Spiridovich, 108. oldal – *A rejtett kéz,* J. Hoche-nak tulajdonítva)

Valójában Louise Bismarck-Menken származása nem volt ismeretlen. Visszanyomoztam az őseit Haim Solomonig, akinek tulajdonítják, hogy teljes vagyonát George Washington tábornoknak adta az amerikai forradalom elindítására. A New York-i Jewish Tribune 1925. január 9-i száma is megerősítette, hogy Louise Menken Haim Solomon leszármazottja volt.

Egyes kutatók és történészek hevesen vitatják, hogy a pénz, amelyet Solomon Washingtonnak adott, a sajátja volt, hanem a Rothschildoktól származott, Solomon pedig csupán a közvetítőjük volt.

Arra a tényre hivatkoznak, hogy annak ellenére, hogy minden pénzét Washingtonnak adta, Haim továbbra is fényűző életet élt. Bismarcknak a Rothschildok által történő bevonásának története összerakható Lord Beaconsfield 1812. decemberi leveleiből és *a Coningsby című* műből:

> Lionel Rothschild gyakran vitte Disraelit Párizsba, ahol bemutatta őt James Rothschild III-nak. Meglátogatta őket Arnim gróf, a porosz miniszter. Lionel révén Disraeli a barátja lett. Soult francia kabinetminiszter volt, és talán sokat beszélt fiáról, vagy szeretője fiáról, az egykori Menken-Bismarckról. Így történt, hogy a Rothschildok úgy döntöttek, hogy magukhoz csábítják a fiatal Bismarckot, aki nagy szükségben volt, és legalább félig zsidó volt, akit már 1839-

ben kénytelen volt küzdeni a vagyonát fenyegető csőd ellen. De a Rothschildok, Soult és Amim már figyelték őt, és mindannyian arra törekedtek, hogy kihasználják. Már 1839-ben Aachenben is lázadónak mutatkozott Bismarck, ahogyan Disraeli is a „Blessings to the regicide dagger" című versében.

James azonban azt követelte Bismarcktól és Disraelitől, hogy a felső tízezerbe való bejutás és a hatalom megszerzése érdekében mutassák fel az akkoriban győzedelmeskedő „szélsőséges konzervativizmust". Ezért Disraeli és Bismarck felhagyott a „királygyilkos tőrök" dicsőítésével, és ultrakonzervatívvá vált. Mindkettőjüknek parancsba adták, hogy legyenek „nagyon hétköznapiak". Arnim, a porosz miniszter és a Reichstag tagja 1844-ben feleségül vette Bismarck szeretett húgát, Malvinát, és Disraeli szerint Bismarck teljes mértékben a Rothschildok, Arnim és húga befolyása alá került.

Közvetve megismerjük Walter Rathenau kijelentését, miszerint 300 ember irányítja a világot (lásd: *A összeesküvők hierarchiája: A 300-as Bizottság*). Negyven évvel korábban Bismarck jelezte, hogy egyetért Rathenau kijelentésével: Ezt Disraeli is megismételte, amikor azt mondta, hogy

> „a világot egészen más személyiségek irányítják, mint ahogyan azt azok elképzelik, akik nem a kulisszák mögött állnak."

Rathenau kijelentése előtt negyven évvel Bismarck jelezte, hogy egyetért mind Rathenauval, mind Disraelivel. (Kivonat *Coningsby* és Cherep-Spiridovich műveiből, valamint a British Museum irataiból)

Reakciósnak tartott Bismarck 1847-ben Disraeli példáját követve a liberálisok elleni színlelt erőszakkal próbálta megnyugtatni a konzervatívokat, és így elnyerte a porosz király kegyét. Nagy erőfeszítések és ügyeskedés árán Bismarck felügyelőinek 1847-ben sikerült rávenniük, hogy feleségül vegye Johanna

Puttkamert.

Puttkamer figyelemre méltó nő volt, aki képes volt megnyugtatni Bismarck szörnyű indulatait (, valószínűleg Soult-tól örökölte), mivel hivatalos apja csendes ember volt, aki soha nem hajlott erőszakos kitörésekre, így megmentve Bismarck karrierjét, amely egyébként hirtelen véget ért volna. Amikor 1849-ben IV. Frigyes Vilmos elé terjesztették az új kabinet tagjainak listáját, vastag vonalat húzott Bismarck neve fölé, és ezt írta:

> Vérszomjas reakciós. Szereti a vér szagát.

1849-ben Bismarck Arnim és Rothschild segítségével bejutott a Porosz Képviselőházba, 1851-ben pedig képviselőként részt vett a frankfurti országgyűlésen. Arnim gróf is Bismarck mögött állt, és ő is kivette a részét abból, hogy ajánlotta őt Otto von Manteuffel porosz miniszternek. Von Manteuffelről Langer professzor történelmi szempontból tárgyalja fontosságának hátterét:

> 1850. május 16-án számos kisállam és Ausztria találkozott Frankfurtban, és újjáalakította a Német Szövetség régi országgyűlését. Ha Poroszország ragaszkodott volna ehhez az unióhoz, a háború Ausztriával elkerülhetetlennek tűnt. Amikor egy fellebbezés miatt vita alakult ki … mindkét hatalom mozgósított, és a háború küszöbön állt.
>
> Oroszország cárja, Miklós, akit bosszantott a porosz uralkodó ál-liberális politikája, Ausztria oldalára állt, és Frigyes Vilmos, aki kezdettől fogva ellenezte a háborút, úgy döntött, hogy sietve visszavonul. Új miniszterét, Otto von Manteuffelt küldte tárgyalni… (Langer professzor, 726–727. oldal)
>
> Bismarck öregkorában is megőrizte szeme elképesztő erejét. Természeténél fogva megvetett mindent, ami gyenge és szentimentális volt, és megvetésének tárgya volt több keresztény erény is. (F. M. Bowicke professzor, *Bismarck és a Német Birodalom*, 5. oldal)

A *La Revue des Deux Mondes* 1880-ban megjelent 26. kötetének 203. oldalán Valbert a következőket írja: A zsidók voltak az egyetlenek, akik ilyen módon tudták kihasználni Bismarckot, ahol a Sadowa (ahol a poroszokat 1866-ban legyőzték az osztrákok) utáni, Bismarck által bevezetett liberális reformok a zsidók javát szolgálták...

Mint már bemutattuk, a Rothschildok különösen érdeklődtek azoknak a nemzeteknek a politikája iránt, ahol letelepedtek. Például a bécsi kongresszuson a Rothschildok igyekeztek dominálni. Maria Olivia O'Grady-től tudjuk meg:

> ... A zsidók képviselőket küldtek a bécsi kongresszusra, ahol megpróbálták megvesztegetésekkel és ajándékokkal befolyásolni a hivatalos küldötteket. Emlékezzünk vissza, hogy az idősebb Rothschild attól tartott, hogy a Rajna-szövetség főhercegétől, Karl von Dalbergtől megvásárolt különleges zsidó kiváltság elveszhet, ha nem építik be az új alkotmányokba, amelyeket a kongresszus várhatóan megfogalmaz.
>
> Jacob Baruch (Ludwig Boerne apja), G. G. Uffenheim és J. J. Gumprecht, Rothschild különleges követei, a bécsi rendőrség által ki lettek volna űzve a városból, ha Metternich nem avatkozik be.
>
> A zsidó képviselőknek természetesen nem volt hivatalos tisztségük a kongresszusban. A kongresszusi tagokra gyakorolt legjelentősebb zsidó befolyás azoknak a zsidó hölgyeknek volt köszönhető, akik szalonjaikban fényűző fogadásokkal várták a kongresszus ülésein részt vevő vezető államférfiakat és uralkodókat.
>
> Ezek közül a legjelentősebbek Fanny von Arenstein bárónő, Madame von Eskeles, Rachel Levin von Varahagen, Leopold Herz asszony és Mendelssohn von Schlegel hercegnő voltak. A zsidók a bécsi kongresszuson legfeljebb annyit tudtak elérni, hogy számos javaslatot fogalmaztak meg, amelyek kivétel nélkül teljes állampolgári jogokat biztosítottak

> azoknak a zsidóknak, akik „vállalják az állampolgárok összes kötelességének teljesítését". Ez a záradék nem felelt meg a zsidó „nemzet" minden sajátos igényének és követelményének, amely valójában az állampolgárság minden jogát a szokásos kötelezettségek nélkül kívánta. (*A Bécsi Kongresszus*, 345., 346. oldal)

Anka Muhlstein szerző *a Baron James, The Rise of the French Rothschilds* című művében másképp értelmezi a bécsi kongresszus eseményeit és azok frankfurti hatását:

> Alig vonultak vissza a francia csapatok, a német hatóságok máris a zsidók helyükre való visszaszorításának sürgető problémájával foglalkoztak. Frankfurtban a jogilag megszerzett és drágán megfizetett jogokat most eltörölték. A zsidók ismét úgy találták magukat, hogy nemkívánatos idegenként kezelik őket.
>
> Rájönve, hogy becsületük, szabadságuk, sőt esetenként életük is veszélyben van, a zsidók a bécsi kongresszuson rendszeresen ülésező nagyhatalmakhoz fordultak. De bármennyire is megalapozottak voltak érveik, hiába voltak. Ezért a német zsidóknak nem maradt más választásuk, mint a múltban, hogy titkos eszközökhöz folyamodjanak, és így védelmet keressenek vagy vásároljanak.
>
> Salomon vette át a zsidó kampány irányítását, és hirtelen megteltek Gentz, Metternich tanácsadójának zsebei. Ez az osztrák kiutasítási rendeletek felfüggesztéséhez vezetett, valamint Metternich és Hardenberg, az osztrák kancellár porosz megfelelője nyilatkozataihoz. (*Baron James, The Rise of the French Rothschilds,* Anka Muhlstein, 68. oldal)

Muhlstein szerint a zsidókat Frankfurtban megtámadták és súlyosan üldözték. Salomon Rothschild úgy döntött, hogy Bécsbe költözik, de Amschel Frankfurtban maradt, és miután emlékeztette a kormányt arra, mennyire szükségük lesz a Rothschild-kölcsönökre, a zsidók elleni erőszak kezdett alábbhagyni.

12. FEJEZET

Salomon Rothschild megmutatja pénzügyi erejét

Bécsben Salomonnak nem engedték meg, hogy házat vásároljon, ezért egy egész luxusszállodát bérelt magának, majd visszautasította a württembergi királynak azt a lakást, amelyet évek óta lakott.

Salomon diplomáciai mentességet kapott, és a „báró" címet adományozták neki. Metternich ezután James-t és Nathant kinevezte konzulnak, ami „egy zsidó számára elképzelhetetlen megtiszteltetés" volt, ahogy Salomon megjegyezte:

> James nem újította meg fellebbezését. Metternich nyilvánvaló hatalma és védelme enyhítette aggodalmát. Valójában a kancellárnak köszönhetően a Rothschildok diplomáciai mentességet kaptak.
>
> Miután hasznos és hízelgő címet adományozott nekik, most még ennél is sokkal többet tett. Nathan és James számos ügyesen kialkudott kölcsön árán kigondolták, hogy kinevezessék magukat konzuloknak, hogy Ausztriát képviseljék Londonban és Párizsban. Egy zsidó a diplomáciai testületben! Elképzelhetetlen volt. A javaslat hatalmassága ellenére azonban Metternich beleegyezett.
>
> Csak a rosszindulatúak gyanakodnának valamilyen összefüggésre a Rothschildok által a kancellárnak nyújtott kedvező személyi kölcsönök és a kinevezés között. Minden udvari tisztség új üzleti lehetőségekhez vezet, különösen, ha

> Ausztriáról van szó. Ha Jamest Párizsba neveznék ki, Isten segedelmével ő vehetné át az irányítást minden olyan ügyben, amely a Franciaországnak Ausztriával szemben fennálló adósságának rendezéséhez kapcsolódik, mivel a konzulnak engedélyeznék, hogy személyesen tárgyaljon a királlyal. (*Souvenirs* Augustus de Fremilly, 232. oldal, 1908)

> A hatalmas zsidók azon törekvésének mintáját keresve, hogy befolyásukat nemzetközi konferenciákon is érvényesítsék, az 1818-as aacheni konferencia is szembesült meghívás nélkül érkező zsidó képviselőkkel. Lewis Way, egy angol lelkész, a zsidók szószólójaként lépett fel, és petíciót nyújtott be a konferenciához, amelyben a zsidók emancipációját szorgalmazta Európában. A zsidók befolyása az 1856-os és az 1858-as párizsi kongresszuson mindkét találkozó munkájában nyilvánvaló. Nem úgy tűnik, hogy a zsidóságnak hivatalos képviseletet engedélyeztek volna e két konferencia bármelyikén. (Olivia Maria O' Grady)

Ez nem tetszett a Rothschildoknak, akik egyre többet követeltek azoktól, akiket hatalmuk alatt tartottak. Miután megkapták a bárói és konzulok címét, most már a hatalmuk láthatóbb jeleit is ki akarták mutatni.

„Kitüntetések iránti rajongásuk" – enyhén szólva is – mértéktelen volt. Von Gentz utasítást kapott, hogy tájékoztassa a közvéleményt arról, hogy kitüntetéseket és szalagokat adományoznak nekik, és ezt nyilvánosságra hozza:

> „Salomon von Rothschild és testvére Párizsban megkapta a Szent Vlagyimir-rendet az Oroszország számára kialkudott kölcsönök elismeréseként."

Von Gentz levelet írt számos vezető német lapnak. Jól tennék, ha közzétennék a hírt. Írják inkább Vlagyimirnek, ne Szent Vlagyimirnek. Metternich 1830-ban von Neipberg grófnak írt levelében magánjelleggel bírálta a Rothschildok hiúságát:

> A Rothschildok szeretnének egy kis Szent György-rendet.

> Micsoda hiúság! Millióik és nagylelkű hűségük ellenére a Rothschildoknak elképesztő vágyuk van a kitüntetésekre és a megkülönböztetésre. (British Museum Documents)

A kitüntetések keresztény vallási jellege még rendkívülibbé tette, hogy a Rothschildok megszerezni tudták őket, és rámutatott a Metternich és Bismarck felett gyakorolt hatalmukra, különösen mivel köztudott, hogy Metternich kezdett tiltakozni a Rothschildok követelései ellen azzal az indokkal, hogy nem keresztények lévén nem jogosultak bizonyos kitüntetésekre, de ez nem állította meg a különleges kitüntetések iránti kérelmek áradatát. 1867-ben James legidősebb fia, Alphonse így írt londoni unokatestvéreinek:

> Bismarck (londoni) látogatásának legjelentősebb eredménye a kitüntetések kiosztása volt. Apám megkapta a Vörös Sas Nagy Szalagját, a legmagasabb rangú és legrangosabb kitüntetést. Poroszországban még egyetlen zsidó sem kapta meg. (*Gold and Iron,* Fritz Stern, 1150. oldal)

O'Grady munkáját folytatva, amelynek témája a nem hivatalos, de hatékony képviselet volt olyan világkongresszusokon, ahol a zsidóknak nem volt jogállásuk, az amerikaiak által a zsidók érdekében tett erőfeszítésekre utal:

> Az amerikai zsidóság rávette az Egyesült Államokat, hogy terjessze elő a „teljes és egyenlő jogok" iránti igényüket az 1913-as bukaresti békekonferencián, bár az Egyesült Államok hivatalosan nem volt képviselve a konferencián.

1913 októberében az Anglo-Jewish Association közös emlékiratot intézett Sir Edward Greyhez, sürgetve, hogy biztosítsák a zsidók számára az új pozitív garanciákat, rámutatva, hogy Románia többször is figyelmen kívül hagyta és elutasította a hasonló biztosítékokat.

> Elihu Root, az Egyesült Államok külügyminisztere Theodore Roosevelt elnök utasítására szigorú utasításokat adott White nagykövetnek, aki az Egyesült Államokat képviselte az 1906-

> os algériai konferencián, arra utasítva őt, hogy sürgesse a konferencián a vallási és faji tolerancia garanciáinak megfontolását Marokkóban.
>
> A világ zsidóságának a békekonferencián végzett munkáját semmi sem mutatja jobban, mint a Versailles-i Szerződés által Lengyelországra kényszerített rendelkezések. Egy könyörtelen hódító sem lehetett volna szigorúbb. A lengyel képviselők 1919. június 28-án aláírták a kisebbségi szerződést, ezzel Lengyelországot a szuverenitás megosztására és egy felsőbbrendű, kiváltságos polgári osztály létrehozására kötelezték. (Olivia Maria O'Grady, 344–347. oldal)

A történelem során sokszor megjegyezték, hogy a legtöbb országban az átlagembernek alig vagy egyáltalán nincs ideje arra, hogy a megélhetés, a családnevelés és az ezeket lehetővé tevő munka mellett másra is gondoljon, így alig vagy egyáltalán nem marad ideje a politikával, a gazdasági kérdésekkel vagy más, életüket és nemzetüket érintő létfontosságú kérdésekkel, például a háborúval és a békével foglalkozni.

Úgy tűnt azonban, hogy bizonyos embercsoportok mentesek voltak az ilyen korlátozásoktól, és mindig tudták, hol és ki dönt a fontos kérdésekről, és úgy tűnt, hogy világméretű hálózatuk van, amely folyamatosan tájékoztatja őket minden politikai és gazdasági fejleményről. Ezek a jól szervezett és hangos csoportok mindig előnyben voltak a helyi polgárokkal szemben.

Cherep-Spiridovich *The Hidden Hand* című műve és Olivia Maria O'Grady szerző kiterjedt munkája szerint az ilyen rendkívül hatékony csoportok mindig zsidók voltak, vagy zsidók dominálták és irányították őket.

Mindkét szerző számos és kiterjedt példát hoz fel állításának alátámasztására, amelyek közül talán a két legmeggyőzőbb példa az 1919-es párizsi békekonferencia és Izrael állam megalakulása. Folytatva Olivia Maria O'Grady beszámolóját:

1919 hajnalán Párizs szó szerint elárasztották a világ minden tájáról érkező zsidók – gazdag zsidók, szegény zsidók, ortodox zsidók, szocialista zsidók, pénzemberek és forradalmárok özönlöttek a francia fővárosba – és munkához láttak.

A Comité de Délégation Juives auprès de la Conférence de la Paix (a Béke-konferencia zsidó küldöttségeinek bizottsága) 1919. március 25-re teljesen megszerveződött. Ezenkívül a Világ Cionista Szervezet és a B'nai B'rith küldöttei is bekerültek a bizottság tagjai közé, állítólag tízmillió zsidó nevében szólva.

Woodrow Wilson, Georges Clemenceau és más nemzetközi személyiségek csupán ezeknek a nemzetközi zsidóknak a játékszerei voltak. Noha a világszuperállam gondolata már régóta a zsidók álma volt, Wilson önteltségét – miszerint ezt saját, egyedi alkotásának tartotta – a zsidó küldöttség és az általuk irányított világsajtó minden oldalról táplálta és felfújt. „A nemzeti önrendelkezés és a homogenitás elveit nem engedték szélsőséges formában érvényesíteni" – írja egy zsidó történész nyilvánvaló elégedettséggel.

A zsidó delegáció finomsága egyértelműen felismerhető a versailles-i végleges megállapodásban. A keresztény világ szuverenitásának megsemmisítéséhez vezető alapokat a Comité de Délégation Juives mögött álló szellemi atya fektette le. Az abszolút szuverenitást korlátozták. A második világháború alapjaként „az új és kibővített államokat" arra kényszerítették, hogy „vállaljanak kötelezettséget arra, hogy a főbb szövetséges és társult hatalmakkal kötött szerződésben olyan rendelkezéseket foglaljanak bele, amelyek az említett hatalmak számára szükségesnek ítélhetők a lakosság többségétől faji, nyelvi vagy vallási szempontból eltérő lakosok védelméhez".

A párizsi békekonferenciára küldött zsidó küldöttek között volt Jacob Schiff is, aki később az egyik olyan wall street-i bankár lett, aki finanszírozta az orosz bolsevik forradalmat. A zsidók legnagyobb diadala az a rendelkezés volt, amely a

> „belföldi csoportok jogait” a Nemzetek Szövetségének nemzetközi garanciája és joghatósága alá helyezte – egyikük sem törődött azzal, hogy „biztonságossá tegyék a világot a demokrácia számára”. (Wilson szándéknyilatkozata, Olivia Maria O’Grady)

Lehet, hogy Wilsont megtévesztette a Nemzetek Szövetségének szándéka és célja, de egy éber amerikai szenátorcsoportot nem. Ők pontosan úgy látták a Nemzetek Szövetségét, amilyen valójában volt: az Egyesült Államok szuverenitásának, az Egyesült Államok alkotmányának és a Jogok Nyilatkozatának (Bill of Rights) megsemmisítésére irányuló kísérletnek, és ennek megfelelően elutasították, amikor a szerződést ratifikálásra benyújtották az Egyesült Államok Szenátusához.

A szenátusban az ellenzéket Hiram Johnson és William E. Borah szenátorok vezették, akiknek hazafisága határtalan volt. A szerződést 1919. november 11-én elutasították.

Lloyd George brit miniszterelnök is felismerte a veszélyeket, amelyeket a Versailles-i Szerződés által a nemzetekre kényszerített korlátozások jelentettek. 1919-ben a konferencia üléseinek egy hétvégi szünetében papírra vetette félelmeit:

> Amikor a nemzetek kimerültek a háborúkban, amelyekbe minden erejüket beleadták, és amelyek fáradtnak, vérzőnek és megtörtnek hagyták őket, nem nehéz összefoltozni egy olyan békét, amely addig tarthat, amíg a háború borzalmait átélt generáció el nem múlik... Ezért viszonylag könnyű összefoltozni egy olyan békét, amely harminc évig tarthat. Ami azonban nehéz, az olyan béke kidolgozása, amely nem vált ki újabb küzdelmet, amikor azok, akiknek gyakorlati tapasztalatuk van a háborúról, már elhunytak...
>
> Megfoszthatják Németországot gyarmataitól, haderejét puszta rendfenntartó erőre, haditengerészetét pedig ötödik osztályú hatalom szintjére csökkenthetik; mindazonáltal, ha végül úgy érzi, hogy az 1919-es béke során igazságtalanul bántak vele, meg fogja találni a módját, hogy bosszút álljon

> hódítóin.
>
> A négy évnyi megmagyarázhatatlan mészárlás által az emberi szívre gyakorolt mély benyomás eltűnik azokkal a szívekkel együtt, amelyeket a Nagy Háború szörnyű kardja megjelölt. A béke fenntartása akkor attól függ majd, hogy nincs-e olyan ok a felháborodásra, amely folyamatosan felkavarja a hazafiság, az igazságosság és a tisztességes játék szellemét... Bár Lloyd George bátor erőfeszítéseket tett annak érdekében, hogy igazságot szolgáltassanak Németországnak, kudarcot vallott, nem azért, mert nem próbálkozott volna, hanem azért, mert ellene sorakoztak az internacionalizmus könyörtelen erői, amelyekre a francia Georges Clemenceau (a nagy szörnyeteg) gonosz és brutálisan csúnya viselkedése, hozzáállása és követelései voltak jellemzőek.
>
> Az, hogy Lloyd George előrelátó volt, kitűnik a 1919 márciusában Fontainebleau-ban írt, szinte prófétai szavakból. Lloyd George-ot azok a forradalmi erők győzték le, amelyek a 18·század óta gyűjtötték az erőt. Jól szervezettek és finanszírozottak voltak, gyakorlatilag megállíthatatlanok. Bizonyos értelemben Lloyd George-ot gátolta felügyelője jelenléte. Sir Philip, A. G. D. Sassoon, Bart, házassági és vérségi kapcsolatban állt a Rothschildokkal. A Brit Titkos Tanács tagjaként Sassoon részt vehetett a konferencia résztvevőinek titkos tanácskozásain.

A versailles-i francia politika és annak következményeinek ismertetése során a TIME magazin 1940. május 17-i száma – a Rothschild-cenzúra ritka elmulasztása révén – ezt is megerősítette:

> A kulcsfontosságú Belügyminisztérium élére Reynaud miniszterelnök az addig gyarmatügyi miniszterként tevékenykedő, energikus, 54 éves Georges Mandelt nevezte ki. Ez nem volt új feladat a hegyes orrú, zömök kis clemencistának, aki az elmúlt háború alatt a Tigris kabinetfőnökeként irányította az ország belügyeit és tartotta fenn a polgári morált.

> Jeroboam Rothschild néven született Mandelt gyakran nevezték Franciaország Disraelijének; egy szuperpolitikus egy politikusok országában, aki a közelmúltban a Gyarmati (és Postaügyi) Minisztériumban megmutatta, hogy semmit sem vesztett abból a hajtóerőből és adminisztratív tehetségből, ami nélkülözhetetlenné tette Clemenceau számára...

A British Museumban végzett kutatásaim alapján nyilvánvaló, hogy a párizsi békekonferencia és az azt követő versailles-i szerződés sikere a Nemzetek Szövetségének általános elfogadásától függött, amely az első szervezett kísérlet volt egy olyan világkormány létrehozására, amely minden nemzet szuverenitását magához ragadná, és Palesztinát a cionistáknak adná.

Ezt a véleményt alátámasztja az is, amit Wilson mondott 1919 januárjában, amikor megérkezett Párizsba:

> A Nemzetek Szövetsége a találkozónk központi témája.

Mint köztudott, Wilsont alaposan felkészítette és utasításokat adott neki Mandel House, a Rothschildok szolgája, és Wilson tudta, hogy engedelmeskednie kell a parancsoknak. Amikor a British Museumban Lloyd George iratait tanulmányoztam, nyilvánvalóvá vált számomra, hogy a brit miniszterelnök keményen küzdött Wilson ellen, de hiába. Lloyd George heves tiltakozása ellenére Wilson ragaszkodott ahhoz, hogy a napirend első pontja a Nemzetek Szövetségének létrehozására irányuló javaslatok legyenek.

Hónapokig a Nemzetek Szövetségével kapcsolatos kutatásokra koncentráltam a British Museumban, és rájöttem, hogy Wilson Párizsba úgy utazott, hogy Mandel House-on keresztül közvetve Lord Rothschildtól kapott utasításokat a napirendjével kapcsolatban.

Wilson a Mandel House-on keresztül nyerte el a Rothschildok tetszését, amikor a Princetoni Egyetem professzoraként megpróbálta véget vetni annak, amit ő „snobizmusnak" nevezett, azáltal, hogy betiltotta a diákklubokat. Nem járt sikerrel, de szocialista meggyőződésének ez a korai jele felkeltette House figyelmét, és végül elnyerte neki New Jersey állam kormányzói posztját, majd végül az Egyesült Államok elnöki tisztségét. Will Hayes, a Republikánus Párt Nemzeti Bizottságának elnöke így nyilatkozott Wilsonról:

> „Akadálytalanul akarja újjáépíteni a világot, bármilyen szocialista doktrínáknak, bármilyen korlátlan állami tulajdonra vonatkozó elképzeléseknek, bármilyen homályos szeszélynek megfelelően, amelyek éppen elragadják őt."

Wilson elnökségéről szóló tanulmányom azt mutatja, hogy Hayes jó nyomon járt, de nem tudhatta, h -i személyek irányították Wilson programját. Egyáltalán nem volt homályos az a világos utasítás, amelyet folyamatosan kapott Londonból a Mandell House-on keresztül. Az egyik ilyen londoni utasítás Wilson tizennégy pontjára vonatkozott. Valójában a tizennégy pontot, amelyet a párizsi békekonferencián kellett bemutatnia, a Rothschildok és Brandeis bíró írta, akik Bernard Baruch éber felügyelete alatt átadták Wilsonnak azzal az utasítással, hogy a konferencián sajátjaként használja fel.

A második utasításcsomag, a Nemzetek Szövetségére vonatkozó utasítások szintén Wilson munkájaként kerültek bemutatásra. Az első világháború elején elhangzott beszéde, miszerint Amerika „az uralkodó osztály ellen harcol, és nem a német nép ellen", pusztán a House-féle retorika volt. Folytassuk Olivia Maria O'Grady idézeteivel:

> Wilson elnök, akit a zsidó pénzügyi testvériség vett körül, akit a gonosz House ezredes ide-oda lökdösött, és akit a cionista Brandeis tanácsolt, a történelem legnagyobb „béketeremtőjének" képzelte magát. Történész volt, aki bebizonyította, hogy semmit sem tud a történelemről.
>
> A zsidók kezében, akik saját céljaikra használták fel, belevetette ezt az országot [az Egyesült Államokat] egy

> katasztrofális háborúba, és elindított egy eseménysorozatot, amelynek célja végső soron Amerika megsemmisítése volt.
>
> Azok által, akik saját akaratuk alá hajtották, hízelegve és dicsőítve, azt képzelte magáról, hogy Istent játszik, és a világot és az embereket a saját képére formálja át. Miután magas tisztségére felesküdött, hogy védi és előmozdítja az amerikai nép érdekeit, hirtelen elhitte, hogy megbízatást kapott a világ megmentésére.
>
> „Győzelem nélküli békét" hirdetett, és kijelentette, hogy az Egyesült Államokat egy „háborúba, amely véget vet a háborúknak" és „biztonságossá teszi a világot a demokrácia számára" sodorja. A történelem azóta is folyamatosan aláhúzza kettős beszédének ostobaságát.
>
> A béke és a győzelem 1918. november 11-én jött el, és Wilson Párizsba sietett, ahol mindkettőt elvesztette. (Olivia Maria O'Grady)

Ez talán kissé szigorú ítélet Wilsonra nézve, aki végső soron tanácsadók által körülvett és korlátozott helyzetben volt:

> Most már megfelelően értékelhetjük ezt az áruló, bűnös békeszerződést, amelyből a jelenlegi háború (a második világháború) kinőtt.
>
> Nem Wilson árulta el a német kormányt a tizennégy pont ígéretével, és nem is Lloyd George volt az, aki megtévesztette az arabokat, hogy rávegye őket a háborúba való belépésre; hanem Jeroboam Rothschild, Sir Philip Sassoon és Bernard Baruch. Wilson, Lloyd George és Clemenceau csak annyiban vétkesek, amennyiben egy olyan hatalomnak engedelmeskedtek, amelynek nem mertek szembeszállni. Ez a három zsidó, aki a Rothschild-család pénzügyi hatalmát képviselte, határozta meg a hírhedt békeszerződés lényeges rendelkezéseit.
>
> Létrehozták a Nemzetközi Munkaügyi Tanácsot; rendelkeztek a Helyreállítási Bizottságról és a Brüsszeli

> Pénzügyi Konferenciáról; Palesztinát a zsidóknak adták; tagságunk nélkül létrehozták a Nemzetek Szövetségét és a Nemzetközi Bíróságot.
>
> A csatlakozásunk megtagadása akadályozta meg a világ kormányzására szolgáló grandiózus, bonyolult gépezetük megvalósulását. (*Rothschild Money Trust*, 67., 68. oldal)

Bár House ezredes neve nem szerepel ebben a beszámolóban, mégis House volt az, aki Baruchnál is jobban képviselte a Rothschild-érdekeket az Egyesült Államokban a konferencián. Folytatás *a Rothschild Money Trustból*:

> Ez a három zsidó felelős Wilson elnök tizennégy pontjának elvetéséért és azoknak az ígéreteknek a nyílt megsértéséért, amelyek alapján Németország letette a fegyvert. Ha Wilson elnök ígéreteit betartották volna, nem lett volna második világháború. Talán ha csatlakoztunk volna a Nemzetek Szövetségéhez, nem lett volna, mert a „despota király" alattvalói lettünk volna, aki vasököllel uralkodott volna felettünk...
>
> Jeroboam Rothschild (Mandel) a Reynaud-kabinet tagja volt, és vele együtt mondott le, majd vele együtt menekült, amikor Franciaország nem volt hajlandó beolvadni a Brit Birodalomba, hanem inkább a kapitulációt választotta. A sajtó szerint a francia nép most már úgy tűnik, hogy rájött, hogy a háborús uszítók áldozatai lettek...
>
> A Nemzetek Szövetségének terve nem Wilson elnöktől származik. Ő maga sem állította ezt. Pontos eredete ismeretlen, de a zsidók maguknak tulajdonítják. Kétségtelenül az ő agyszüleményük, hiszen minden jellemzője megvan a rájuk jellemző ravaszságnak... A londoni Daily Mail úgy fogalmazott róla, hogy ez „a történelem eddigi legkifinomultabb csalása".
>
> A Németországgal kötendő békeszerződés megírásának ürügyével ez a békekonferencia létrehozta Palesztinát a zsidók otthonaként, és a brit kormányt bízta meg az ország

> kormányzásával. A zsidók azóta háborúban állnak az arabokkal, és a helyzet annyira elviselhetetlenné vált, hogy a brit kormány megpróbálta felosztani az országot a zsidók és az arabok között, és lemondani a felelősségéről, ami sem a zsidóknak, sem az araboknak nem tetszett.
>
> Az amerikai nép nem akar szuperkormányt, és nem akarja, hogy a római pápa vagy egy cionbeli vérből származó zsarnok uralkodjon felette. Alig tudtunk elkerülni ezt, amikor a republikánusok tizenkét elszánt demokrata segítségével nagyon szűk többséggel legyőzték a Nemzetek Szövetségének tervét; mert a Nemzetek Szövetsége pontosan ezt jelentette volna. (Olivia Maria O'Grady, 68., 69. és 85. oldal)

O'Grady írt egy találó epitáfiumot (és talán egy súlyos figyelmeztetést a világnak):

> 1938 végére a Nemzetek Szövetségének összeomlása szinte teljes volt. A hatvankét tagállamból csak negyvenkilenc maradt. 1940 végén már nem létezett.
>
> Ugyanazt a sorsot járta, mint elődei – a Szent Szövetség (amelyet a Rothschildok annyira féltek), az Európai Koncert és az Állandó Választottbíróság.
>
> Kudarcot vallott, mert az Egyesült Államok nem volt hajlandó csatlakozni hozzá, és mert az emberiség még nem süllyedt le a középszerűség közös nevezőjére.
>
> Az „anya", az „otthon", a „zászló", a „mennyország" és az „Isten és a haza" fogalmak még mindig mélyen gyökereztek az emberek elméjében és szívében. Újabb háború, és talán még egy, szükséges lesz, mielőtt az ilyen „reakciós polgári" fogalmak kiirtódnak az emberek szívéből.

Mayer Amchel Rothschild

A Rothschild család háza a
Judenstrasse-on, Frankfurtban, Németországban.

Gutte Schnapper Rothschild

Jacob James Rothschild

Lionel Rothschild

Rothschild leghíresebb fiai, akik több milliárd dollár értékű vagyont irányítottak. Salomon, Nathan és Karl Rothschild

Manoir de Waddesdon (kúria), a Rothschildok vidéki rezidenciája Angliában

Jacob James Rothschild Ferrières-i kastélya

Napoleon Bonaparte és Arthur Wellesley (Wellington hercege)

Soult marsall és Blücher tábornok

13. FEJEZET

A Nemzetek Szövetsége: kísérlet egy világkormány létrehozására

A Nemzetek Szövetségének egyik legmeglepőbb aspektusa az volt, hogy milyen nagy erőfeszítéseket tettek annak érdekében, hogy az Egyesült Államok elfogadja, és milyen rendkívüli mértékű erőfeszítéseket tettek ennek érdekében. Wilson a szerződés ratifikálását követelte, annak jelenlegi formájában, vita, változtatások és módosítások nélkül.

Az amerikai népet az Egyesült Államokban működő Rothschild-ügynökök úgy ítélték meg, hogy elég érett ahhoz, hogy elfogadjon bármit, amit elvárnak tőle, így 1915-ben zárt ajtók mögött kötött titkos megállapodásokat is. A Rothschildok már régóta megszokták, hogy így mennek a dolgok. Mindig az volt a helyzet, hogy „akaratunk teljesüljön", különben rengeteg bajra számíthattak.

1919. szeptember 22-én I. Shotwell professzor, egy amerikai fabiánus, követelte, hogy a szenátus haladéktalanul ratifikálja a szerződést, és Charles McParland, a Világegyházak Tanácsának főtitkára támogatta kérését!

Ezt azért említem, hogy illusztráljam, mennyire mélyen gyökerezett az nemzetközi szocializmus az Egyesült Államokban.

A cionizmus már akkor is a legfontosabb vezető erő volt. Az amerikai cionista mozgalomról érdekes beszámolót találunk Walter Laqueur *A cionizmus története* című művében:

> Az amerikai cionista szervezet csak 1917-ben jött létre... De a kelet-európai események ellenére... a mozgalom hatása alig volt észrevehető az amerikai életben. Európa végül is messze volt, és az amerikai zsidóság helyzete és kilátásai nem adtak okot aggodalomra. A mozgalom alapvetően „East Side"-i jellegű volt. Nem volt pénze, presztízse és politikai befolyása. Vezetői viszont asszimilált zsidók voltak, mint például Stephen Wise rabbi... Az áttörés az európai háború első éveiben következett be, amikor Brandeis lett a vezetője. Brandeis az egyik legtekintélyesebb amerikai ügyvéd volt, később a Legfelsőbb Bíróság bírája. Jacob de Haas, egy brit cionista és Herzl közeli munkatársa, aki 1901-ben telepedett le Amerikában, nyerte meg az oldalára.
>
> Más cionista vezetők szavai szerint Brandeisnek semmi köze nem volt a zsidó élethez, nem ismerte a zsidó irodalmat és nem volt tisztában a hagyományokkal; újra kellett felfedeznie a zsidó népet. De miután a cionista eszme megragadta a képzeletét, ideje és energiájának nagy részét a mozgalomnak szentelte, amelynek elnöke 1914-től a Legfelsőbb Bíróságba való kinevezéséig volt. Louis Brandeis azonosulása a mozgalommal – minden más eseménynél jobban – tette a cionizmust politikai erővé. Cionista lenni hirtelen tiszteletre méltóvá vált. (160., 161. oldal)

Laqueur könyvének ezen kivonatában néhány nagyon fontos megállapítás található.

1. A cionizmus nem foglalkoztatta az amerikai zsidók túlnyomó többségét.

2. Az amerikai zsidók túlnyomó többsége nem nagyon foglalkozott az európai háborúval.

3. Brandeis semmilyen értelemben nem volt vallásos zsidó a „vallásos" zsidó elfogadott jelentése szerint.

4. A cionista mozgalom, mielőtt Brandeis csatlakozott hozzá, alapvetően az East Side-i bolsevik, nem vallásos zsidók szocialista mozgalma volt, pontosan azoké, akiket Trockij

toborzott a keresztény Oroszország megdöntésére irányuló küldetéséhez, más szóval cionista zsidók.

5. Az amerikai zsidók többsége nem volt érdekelt Izraelbe való kivándorlásban, amíg Brandeis fel nem keltette a figyelmüket. Nyilvánvalóan nem tekintették Palesztinát „hazának", legalábbis nem a cionista állam politikai értelmében, mert vallásuk azt tanította, hogy a Messiás visszatéréséig nem lehet zsidó állam.

A tisztesség kedvéért, a zsidóknak nem kívánva ártani, és szigorúan objektív maradva, több ezer oldalnyi Brandeis-történelmet kutattam át, de nem találtam bizonyítékot arra, hogy ő újra felfedezte volna zsidó vallását. Nem találtam bizonyítékot arra, hogy Brandeis vallásos zsidó lett volna. Amit felfedeztem, az az volt, hogy De Haas aktív cionistává tette Brandeist, ami egy politikai, és nem vallási mozgalom, és ebben a politikai mozgalomban Brandeis inkább áttért, mint Szent Pál a kereszténységre.

Brandeis később a Cionista Világszövetség ideiglenes elnöke lett, amely önmagában egy tisztán politikai, nem vallási szervezet nem vallásos zsidókból.

Talán a legismertebb történelmi esemény, amelyben a Rothschildok minden szakaszában részt vettek, az úgynevezett „Balfour-nyilatkozat" volt, amelyet általánosan Izrael Állam kezdetének tekintenek Palesztina földjén, és amelynek megvalósításán a cionisták az elmúlt száz évben dolgoztak. De 1914-re nem tettek előrelépést céljuk felé, legalábbis semmi említésre méltót. A cionizmus nem volt közelebb a gyakran hangoztatott céljához, a palesztinai zsidó államhoz, mint Herzl 1897-ben. A Kongresszusi Jegyzőkönyvek és a British Museumban található dokumentumok, valamint Robert Lansing, az amerikai londoni nagykövet háborús emlékiratai és Ramsey McDonald írásai szerint az első világháború aranylehetőséget nyújtott Herzl álmának, a palesztinai cionista állam létrehozásának előmozdítására. Lansing 1915-ben szorgalmazta, hogy Amerika lépjen be az első világháborúba, és a Rothschildok nevében eljáró House is csatlakozott hozzá, nyomást gyakorolva Wilsonra. A Wilsonra nehezedő nyomás hatalmas volt, és az Egyesült Államok az amerikai nép 87 százalékának akaratával ellentétben belépett az európai háborúba.

A hivatalos történészek mindig azt a benyomást keltették, hogy a zsidók túlnyomó többsége támogatta a „zsidók hazájának" létrehozását Palesztinában. Alapos kutatások során rájöttem, hogy ez nagyrészt propaganda volt.

Valójában Oroszországban és Nagy-Britanniában nem elhanyagolható ellenállás mutatkozott az ötlet iránt azoknak a vallásos zsidóknak a részéről, akik úgy vélték, hogy ilyen hazát csak a Messiás visszatérése után lehet létrehozni.

A vallásos zsidók ellenállásának enyhítésére Weisman 1917. május 20-án Londonban beszédet tartott, amelyben kijelentette, hogy tudja, a brit kormány kész támogatni a cionisták palesztinai terveit.

Természetesen hivatalosan nem volt jogosult ilyen állítást tenni, de kétségtelenül tudva, hogy Lord Rothschild hatalma és tekintélye nagy valószínűséggel győzedelmeskedni fog, mégis megtette. A híres Montefiore zsidó dinasztia sarja, Claude Montefiore vezette cionistaellenes vallásos zsidó ellenzék rendkívül felháborodott volt, különösen azért, mert Weizman a vallásos zsidókat „kisebbségnek" nevezte.

A Cionizmus története című mű szerint Montefiore és David Alexander, a Brit Képviselőtestület elnökei által aláírt levelet küldtek a *London Times* újságnak, amelyet 1917. május 24-én tettek közzé *„Palesztina és a cionizmus, az angol zsidóság véleménye"* címmel:

> Ismét kinyilvánították tiltakozásukat a cionisták „otthon nélküli nemzet" elméletével szemben, amelynek általános elfogadása mindenütt azt eredményezné, hogy a zsidókat

> anakronizmusként bélyegeznék meg; a vallás volt az egyetlen biztos kritérium. Az aláírók azt is kijelentették, hogy katasztrófa lenne, ha a palesztinai zsidó telepesek különleges jogokat kapnának, például politikai kiváltságokat vagy gazdasági előnyöket. Ez ellentmondana az egyenlő jogok elvének. Ez veszélybe sodorná a zsidókat mindenütt, ahol már biztosították maguknak az egyenlő jogokat, és a palesztinai zsidókat a legkeserűbb viszályokba keverné más fajokhoz tartozó szomszédaikkal. (193., 194. oldal)

A vallásos, nem cionista zsidók nézeteinek bölcsessége és előrelátása tükröződik a Palesztinát sújtó tragikus eseményekben, amely ország a mai napig zűrzavarban van. Évekkel később nézeteiket egy vallásos zsidó szervezet, a Jeruzsálem Barátai (Naturei Karta) is visszhangozta. *A New York Times-ban* megjelent 12 egész oldalas hirdetéssorozatban elítélték Izrael Államot, mint törvénytelen államot, amelyet a vallásos zsidók és a Tóra teljes és nyílt megsértésével hoztak létre, és amely az ortodox zsidók számára csapást jelent.

14. FEJEZET

A brit kormány árulása az arabok és Lawrence of Arabia ellen

Arabiai Lawrence elárulásával járó számos cselszövés, valamint az angolok és a franciák közötti titkos megállapodások (a Sykes–Picot-szerződés) révén a két kormány a háború végén úgy döntött, hogy felosztja egymás között az arab területeket. Ez rendkívülinek tűnik? Igen, az volt, és csak a Rothschildok támogatásával lehetett végrehajtani. Az egyik ilyen csaláshoz kapcsolódott egy levél a cionista vezető, Sokolow részéről, aki egy másik cionistát, egy bizonyos Sacher nevű személyt bízott meg azzal, hogy készítsen egy Balfournak címzett tervezetet, amelyben kijelentette, hogy Palesztina zsidó államként való újjáalakítása az egyik legfontosabb háborús célkitűzésük. Sokolow azonban meggondolta magát, és úgy vélte, hogy ez túl ambiciózus:

> „Ha túl sokat kérünk, semmit sem kapunk" – ezt a nézetet nyilvánvalóan Lord Rothschild is osztotta. Megdöbbentek azonban, amikor a Külügyminisztérium kiadta saját tervezetét, amely olyan kifejezéseket használt, mint „menedék", „menekülés" és „szentély" a zsidó üldözés áldozatai számára. Ezt természetesen elutasították a cionisták, akik ragaszkodtak ahhoz, hogy a nyilatkozatnak semmilyen értéke nem lesz, ha nem erősítik meg azt az elvet, hogy Palesztinát a zsidó nép nemzeti otthonaként ismerik el. Végül július 18-án Rothschild kompromisszumos megoldást terjesztett Balfour elé. Ez nem zsidó államról, hanem nemzeti otthonról szólt.

> (*A cionizmus története*, 195–196. oldal, Sokolow, *Geschite des Zionismus*, British Museum Papers)

Sajnos a vallásos zsidó vezetők tiltakozó hangjait elnyomta a politikai cionizmus, amely a Rothschildok támogatásával végül győzedelmeskedett. Ramsey McDonald így foglalta össze érzéseit az ilyen alattomos viselkedéssel kapcsolatban:

> Bátorítottuk az arab felkelést Törökországban azzal az ígérettel, hogy az Oszmán Birodalom arab tartományaiból, beleértve Palesztinát is, létrehozunk egy arab királyságot.
>
> Ugyanakkor arra buzdítottuk a zsidókat, hogy segítsenek nekünk azzal az ígérettel, hogy Palesztinát a rendelkezésükre bocsátjuk letelepedés és kormányzás céljából; és ugyanakkor Franciaországgal megkötöttük a Sykes–Picot-megállapodást a terület felosztásáról, amelyet egyiptomi főkormányzónknak utasítottunk, hogy ígérjen meg az araboknak. Ez a történet durva kétszínűségről szól, és nem kerülhetjük el a belőle fakadó elítélést.

Mit is értett pontosan McDonald, amikor azt mondta:

> Akkoriban arra buzdítottuk a zsidókat, hogy segítsenek nekünk, azzal az ígérettel, hogy Palesztina az övék lesz. Hogyan segíthettek volna a zsidók a háborúban? Azzal, hogy zsidó országokból embereket küldtek volna a törökök ellen harcolni, ahogyan az arabok tették?

Nem, ehhez semmi köze nem volt. A cionisták nem biztosítottak munkaerőt, hogy segítsék a briteket és az arabokat a törökök elleni harcban. Hogyan segítettek a cionisták?

Rábeszélték az amerikai kongresszust, hogy az amerikai nép 87%-ának akaratával ellentétben hadat üzenjen Németországnak. Ezért az arabok és más palesztin lakosok háta mögött, akiknek ősei 7000 éve éltek Palesztinában, a britek az Egyesült Államok közreműködésével Palesztinát a cionistáknak ígérték, bár erre semmilyen nemzetközi jog nem jogosította fel őket.

Csak nagyon kevesen emeltek szót tiltakozásul az ellen, amit Arnold Toynbee „a csapásnak" nevezett. Több író, köztük Olivia Maria O'Grady is, csatlakozott a tiltakozáshoz a Sykes–Picot felosztási terv ellen, amely az úgynevezett Balfour-nyilatkozathoz vezetett:

> A háború alatt Anglia és szövetségesei folyamatosan hirdették, hogy a világ szabadságáért harcolnak. Miféle szabadság rejlik a Balfour-nyilatkozatban? Milyen jogon javasolta Nagy-Britannia, hogy más nép földjét elidegenítse? Milyen erkölcsi alapon törekedhet egy nemzet arra, hogy idegen nép számára nemzeti otthont hozzon létre egy másik nemzet területén? Palesztina nem tartozott Nagy-Britanniához.

Arnold Toynbee nagyra becsült brit történész és neves közszereplő volt, aki tíz kötetből álló művével, *az A Study of History*-vel (*Történelemtanulmány*) szerzett magának általános elismertséget; a mű az emberi fejlődés kimerítő újragondolását tartalmazza az idealista történelemfilozófia fényében.

Így senki sem merte volna McDonaldot, Toynbeet és Arabia Lawrence-t „zsidóellenesnek" vagy „antiszemitának" nevezni, amely fenyegetés miatt oly sok más, hasonló gondolkodású ember nem merte felemelni a hangját a brit kormány kettőssége ellen, amely a jogtalan Balfour-nyilatkozatban is megnyilvánult. Toynbee *A történelem tanulmányozása című művében* fejezte ki haragját az arabok palesztinai elárulása miatt.

> Bár a palesztin arabokat 1948-ban ért csapásért közvetlenül azok a cionista zsidók viselik a felelősséget, akik abban az évben fegyveres erővel ragadták magukhoz a palesztinai életteret, a brit nép vállán is súlyos közvetett felelősség nehezedik; mert a cionistáknak 1948-ban nem lett volna lehetőségük meghódítani egy arab országot, amelyben 1918-ban csupán elhanyagolható kisebbséget alkottak 1918-ban csupán elhanyagolható kisebbséget alkottak, ha az elmúlt harminc év során az Egyesült Királyság nem gyakorolta volna folyamatosan hatalmát annak érdekében, hogy

> lehetővé tegye a zsidó bevándorlók Palesztinába való bejutását, ellentétben az akkori akaratával, a tiltakozások ellenére és figyelmen kívül hagyva az ország arab lakosságának előérzeteit, akik 1918-ban ennek a régóta folytatott brit politikának a áldozatai lettek.

Arabia Lawrence (Lawrence ezredes), akit még kevésbé lehetett volna zsidóellenes elfogultsággal vádolni vagy „antiszemitának" bélyegezni, nem hallgatott az arabok iránti elkötelezettségének megsértéséről:

> Ha megnyertük a háborút, az araboknak tett ígéretek csak papírra írt szavak maradtak. Pedig az arabok lelkesedése volt a fő eszközünk a keleti háború megnyerésében. Ezért biztosítottam őket arról, hogy Anglia betartja szavát mind betű szerint, mind szellemében. Ezen a megnyugváson alapulva hajtották végre nagyszerű tetteiket; de természetesen, ahelyett, hogy büszke lettem volna arra, amit együtt elértünk, keserűen szégyelltem magam.

Mások is csatlakoztak ahhoz, amit Lawrence teljes árulásként fogalmazott meg, köztük O'Grady:

> Lawrence ezredesnek jó oka volt szégyellni magát. Míg az arabok Angliáért harcoltak és haltak meg, Nagy-Britannia külügyminisztere, Arthur Balfour Palesztinát cserébe adta egy zsidó ígéretért, hogy az Egyesült Államokat Anglia oldalán bevonják a háborúba. Ezen áruláson túl Anglia és Franciaország a Sykes–Picot-szerződés feltételei szerint megállapodtak abban, hogy a háború végén felosztják egymás között az arab területeket.

Hónapokig töprengtem Toynbee kijelentésén, mert Toynbee háttere és kapcsolatai miatt nagyon valószínűtlen volt, hogy a cionistákkal vagy mentorával, Rockefellerrel és Rothschilddal szemben a legcsekélyebb kritikát is kifejezze.

A Hadügyminisztérium irattárában (és a British Museumban található másolatokban) található dokumentumok szerint

Toynbee Lord Bryce, a Filozófiai Radikálisok követőjének pártfogoltja volt. Toynbee Bryce nyomdokaiba lépett, amikor cikket írt a *Britannica Enciklopédia* 9-kiadásához.

A cikk címe *German Terror in France: A Historical Record* volt, és nyíltan németellenes propagandát hirdetett; jelentőségteljesen New Yorkban jelent meg 1917-ben. Nyilvánvalóan arra szolgált, hogy segítse Wilson elnököt abban a küzdelmében, hogy Amerikát belerángassa az európai háborúba. Bár a német brutalitásra vonatkozó állítások egyike sem volt alátámasztható, a cikket mégis széles körben igaznak fogadták el.

Pontosan ilyen indoklásra volt szüksége Wilsonnak az oxfordi Balliol College egyik tagjától, hogy megmagyarázza, miért kell Amerikának fiait Franciaországba küldenie, hogy ott haljanak meg „a demokrácia biztonsága érdekében”.

Toynbee-ről legközelebb akkor hallunk, amikor kinevezték a párizsi békekonferencia brit delegációjának tagjává – aligha olyan tekintélyes pozícióba, amelyet kockáztatott volna a 300-as Bizottság külpolitikai ágaként működő Királyi Nemzetközi Ügyek Intézeténél tervezett jövője idején.

Ennek megfelelően Toynbee-nek biztosan jól ismernie kellett a mekkai seriffnek, Hussein bin Alinak és Lawrence ezredesnek tett ígéreteket, valamint annak a mértékét, hogy milyen mértékben árulták el a bizalmukat azok a két férfi, akik lehetővé tették a britek győzelmét a törökök felett.

Toynbee egy jelentős művet írt, amely egy autoriter Egy Világkormány létrehozását szorgalmazta; ennek egy példányát House ezredes átadta Wilson elnöknek, és ez szolgált alapul Wilson és a Királyi Nemzetközi Ügyek Intézetének számos rendelkezéséhez. Megtudtam, hogy Toynbee-t negyedmillió dollárral támogatták, de nem volt közvetlen utalás arra, hogy a Rothschildok is finanszírozták volna, bár lehetséges, hogy volt ilyen kapcsolat, tekintve, hogy House volt az, aki átadta azokat az utasításokat, amelyeket Wilsonnak a Nemzetek

Szövetségének konferenciáján követnie kellett.

Itt rejlik a katasztrófa magja, a mai napig tartó palesztinai zűrzavar eredete, és a tisztességes emberek, mint például a zsidó ortodox Naturei Karta, jól ismerték a dokumentumban szereplő, jól elrejtett történetet a Rothschild-Balfour által az arabok eladásáról. A Naturei Karta ortodox zsidók nem értenek egyet a „zsidó hazá" koncepciójával. Ez a nemes zsidó ortodox mozgalom ellenzi a cionisták jelenlétét Palesztinában.

Ami az európai és amerikai keresztényeket illeti, ők közömbösségbe süllyedtek Palesztina „másik" lakosságának sorsa iránt. Ez nem tesz jót a becsületüknek és a keresztény tisztességes viselkedés etikájának, amelyet Krisztus szavai testesítenek meg:

> „Cselekedj másokkal úgy, ahogyan azt szeretnéd, hogy veled cselekedjenek."

Az idők során filozófusok, történészek és tudósok feltették a kérdést: Miért mutatja a háborúk története, hogy azokat mindig az úgynevezett „elit", a nemzetek uralkodói kezdeményezik? Az egyik ok, amelyet Henry Clay fogalmazott meg, az, hogy amikor elégedetlenség uralkodik a nép körében, a külföldi fenyegetést ürügyként használják az ilyen zavargások leverésére.

A második és talán legfontosabb ok az, hogy minden háború gazdasági eredetű. Mivel a banki és pénzügyi irányítás az elit kezében van, köztudott, hogy gazdasági haszonszerzés céljából háborúkat szítanak. Például a Rothschildok nemzetközi bankárok hatalmas vagyonra tettek szert az első világháborúból. A Rothschildok hatalmas nyereségre tettek szert az amerikai polgárháború mindkét oldalának finanszírozásával.

Van még Bertrand Russell elmélete is, miszerint a háborúk csökkentik a népességet. A 300-as Bizottság szemében a világ túlnépesedett, és az emberek riasztó ütemben merítik ki a világ természeti erőforrásait. A megoldás – mondta Russell – az, hogy megszabaduljunk az általa „haszontalan evőknek" nevezettektől, akiket rendszeres időközönként ki kell szelektálni.

Az első világháborúban elhunyt tíz millió ember nem volt elég Russell számára, aki azt az elképzelést hirdette, hogy rendszeres időközönként járványokat és világjárványokat kell előidézni a háborúk elől megmenekült „haszontalan evők" kiirtására. Az AIDS-járványt szándékosan idézték elő abban a reményben, hogy az kiirtja a „túlnépesedés" millióit.

Az elit kidolgozott módszereket arra, hogy tagjait megóvja a járványoktól, amit a középkori fekete halál járvány elhárításának sikere is bizonyít. A gyalogos katonákra jellemző katonai szolgálat tekintetében az elitnek sikeres kitérő taktikákról szóló előzményei vannak, amit G.W. Bush elnök és Richard Cheney alelnök esete is tanúsít. Ezek nem elszigetelt esetek, hanem bőségesen megtalálhatók minden nemzet irataiban.

15. FEJEZET

Alattomos kettős játéka

William L. Langer, a Harvard Egyetem nyugalmazott Coolidge történelemprofesszora, a következőképpen fogalmazta meg kissé szűkszavúan az 1915-ös politikai helyzetet:

> Hadseregek az ázsiai Törökországban, 1916–1917... Palesztinát nemzetközi közigazgatás alá kellett helyezni. 1916. május 9., a Sykes–Picot-megállapodás Nagy-Britannia és Franciaország között... a fenti megállapodásban említett területeket francia és brit közigazgatás alá kellett helyezni, míg a többi arab területet francia és brit befolyási övezetekre kellett felosztani, bár azokat arab államként vagy államok szövetségeként szervezték meg.

Langer professzor ezt követően egy klasszikus alulbecsléssel így folytatta:

> „Ezek a megállapodások nem voltak teljesen összeegyeztethetők az arab törzsfőnökökkel kötött egyéb megállapodásokkal, amelyek valójában egymással sem voltak összeegyeztethetők."

Más szavakkal, két különböző mandátumot hoztak létre, amelyek kétféle célkitűzést tartalmaztak, az egyiket az arabok számára teljesen ismeretlenül.

Van-e korábbi példa arra, hogy egy amerikai elnök ilyen cselekedeteit valaha is jóváhagyták volna? Törvényes volt-e az amerikai alkotmány szerint, hogy Wilson tárgyalásait lényegében titokban folytatta olyan magánszemélyekkel, akiket kormányuk nem hagyott jóvá hivatalosan? A válasz ezekre a kérdésekre minden bizonnyal nemleges. A következmények az amerikai kormány és az amerikai nép számára messzemenők és megalázóak voltak. Ráadásul soha nem adtak magyarázatot az amerikai népnek arra, hogy miért terjesztették a Balfour-nyilatkozatot Lionel Rothschild elé jóváhagyásra, hiszen ő nem töltött be hivatalos tisztséget? Már csak ezért is a Balfour-nyilatkozat hamis dokumentum volt és marad. Nyilvánvaló, hogy már akkoriban a brit kormány elkezdte kettős játékot játszani az arabokkal és zseniális brit vezetőjükkel, Thomas Edward Lawrence ezredessel, akit leginkább „Arabia Lawrence”-ként ismernek.

Langer professzor ezután két évvel visszamegy az időben, 1914. október 31-re, és teljes képet ad az arabok földrajzi helyzetéről, valamint arról, hogy mit tett Nagy-Britannia annak érdekében, hogy a közel-keleti háborúban a vereség széléről a győzelemre fordítsa a helyzetet:

> Lord Kitchener (a brit erők parancsnoka) feltételes függetlenségi garanciát ajánlott Huszeinnek, Mekka nagy seriffjének. A seriff és a brit kormány közötti tárgyalások 1915 júliusában kezdődtek meg. 1916. január 30-án a britek elfogadták Huszein feltételeit, Bagdad és Basra pontos státuszát, valamint a francia befolyási övezetet Szíriában meghatározatlanul hagyva.

Érdemes megjegyezni, hogy itt nincs szó arról, hogy Palesztinában egy „zsidó hazát” tartanának fenn a zsidók számára.

> 1916. június 5-én megkezdődtek az arab felkelések a Hidzsázban, és támadás indult a medinai török helyőrség ellen.
>
> Június 7-én Huszein kikiáltotta a Hidzsáz függetlenségét, és a medinai (török) helyőrség megadta magát.
>
> Október 29-én Huszeint az összes arab királyává kiáltották

ki. Felhívta az arabokat, hogy háborúzzanak a törökök ellen.

December 15-én a brit kormány elismerte Huszeint a Hijáz és az összes arab királyaként. Nagyrészt az arab felkelés megerősítése érdekében döntött úgy Sir Archibald Murray (1916. március 19. óta Egyiptom parancsnoka) egy óvatos offenzíva indításáról a Sínai-félszigeten és Palesztinában. Mindezen felülvizsgálatok és katonai akciók során soha, egyetlen egyszer sem esett szó arról, hogy a palesztinai „zsidó hazát" bevonják a brit kormány és az arabok közötti tárgyalásokba és megállapodásokba. Biztosan nyugodtan feltételezhetjük, hogy ha erről szó esett volna, az arabok ott és akkor elutasították volna, és soha nem foglalták volna el El Arish-t. A történészek többsége egyetért ebben a létfontosságú kérdésben.

1916. december 21-én a britek elfoglalták El Arish-t, miután vasútvonalat és csővezetéket építettek a sivatagon át. 1917. április 17–19-én a briteket a törökök és a németek egyesített erői visszaszorították, súlyos veszteségeket szenvedve. Június 28-án Murray-t Sir Edmund Allenby váltotta fel.

Július 6-án lépett színre a látványos háborús hős, Thomas E. Lawrence ezredes, aki felélénkítette az arab mozgalmat és elfoglalta Akabát, ezzel megindítva a török helyőrségek, és különösen a Hijáz-vasút őrségei elleni ragyogó támadássorozatot, amely a török közlekedési hálózat legfontosabb láncszeme volt. A történelem igazolja, hogy a Hijáz-vasútvonal mentén és Akabánál folyó összes harcot kizárólag arab erők vívták, Thomas E. Lawrence ezredes parancsnoksága alatt. Ezekben a kulcsfontosságú hadjáratokban nem vettek részt brit csapatok, és nincs említés semmiféle zsidó erők részvételéről. Langer és más történészek is könnyen elismerik, hogy az arabok segítsége nélkül a britek nem tudták volna kiűzni Törökországot Arábiából és Palesztinából. Visszagondolva, Lawrence vezetése alatt az arabok voltak azok, akik kiűzték a törököket Arábiából és Palesztinából. Teljesen logikátlan azt hinni, hogy Lawrence vezetése alatt és az ő ígéretei alapján az arabok ezt úgy tették, hogy tudták, a harcuk jutalma egy

> „zsidó hazának" létrehozása lesz."

Langer ezt követően így folytatja:

> A palesztinai fronton az új brit parancsnok, Edmund Allenby tábornok 1917 októberében kezdte meg előrenyomulását... December 9-én Allenby elfoglalta Jeruzsálemet. A brit előrenyomulást késleltette az a tény, hogy Allenby kénytelen volt hadseregének nagy kontingenseit Franciaországba küldeni, hogy megoldja a franciaországi harctéren kialakult válságot, ahol a brit hadsereg súlyos veszteségeket szenvedett, és hogy megállítsa a győztes német előrenyomulást. A brit hadsereg elrendelte, hogy a Mezopotámiában és Törökországban harcoló összes csapata térjen vissza a német és francia frontra, hogy segítsen megfékezni a francia és német csapatok előrenyomulását Európában.

Gyanítom, hogy Palesztinában nem maradtak brit csapatok, kivéve néhány helyőrséget és utánpótlási egységet, mivel a túlnyomó többséget 1918. március 18-án Franciaországba küldték. Langer állítása, miszerint a brit erőket az arabok anyagi segítséggel támogatták, téves. A harcok nagy részét az arab erők vívták, akiket a brit hadsereg fő része Franciaországba szállítása után ott maradt néhány brit katona segített. Langer hozzátette, hogy a brit erők vetettek véget a török jelenlétnek Palesztinában. Úgy vélem, hogy beszámolója nyilvánvalóan téves.

Az arab erők vetettek véget a török jelenlétnek Palesztinában. A palesztinai nagy csatákban sem francia, sem brit, sem zsidó csapatok nem vettek részt. Ez vitathatatlan tény. Toynbee és Lawrence megdöbbentek, és felháborodásukat fejezték ki Langernek a London Times-ban megjelent beszámolója miatt, amelyet hamisnak nyilvánítottak. Nyilvánvaló, hogy brit csapataitól megfosztva Allenbynek az arab erőkre kellett támaszkodnia a törökök elleni hadjárat folytatásához, tudva, hogy a csatákban edzett arabok a 1918. szeptember 8-i hadjárat során kiszorítják a törököket Palesztinából. Langer kijelenti:

A britek áttörték a török vonalakat a Földközi-tenger közelében, és elkezdték visszaszorítani az ellenséges erőket. A brit erők, Lawrence vezetése alatt álló arabok anyagi támogatásával, most már képesek voltak észak felé nyomulni.

Itt is Langer nagyon igyekszik minimalizálni az arab erők kulcsszerepét, akik a harcok nagy részét vívták. Könyvének 316. oldalán O'Grady történész így fogalmazta meg véleményét a palesztinai eseményekről:

Ahogy a brit hadsereg a Szentföld felé vonult, a zsidó a kilátásai Palesztinára a császár kezében kezdtek elhalványulni. Ha Nagy-Britannia garantálná a világ zsidóságának egy támaszpontot Palesztinában, a világ zsidósága Nagy-Britannia érdekében dolgozna. 1917 februárjában megkezdődtek a tárgyalások a brit kormánnyal, Sir Mark Sykes közvetítésével. 1917. november 2-án Lord Balfour egy Lionel Rothschildnak, Izrael koronázatlan királyának címzett levélben foglalta össze a titkos tárgyalások és az amerikai magánszemélyek közötti kiterjedt levelezés eredményeit.

Ez a levél *a Balfour-nyilatkozat* néven vált ismertté, és a következőképpen szólt:

> *Tisztelt Lord Rothschild! Nagy örömmel közlöm Önnel Őfelsége kormánya nevében a következő nyilatkozatot, amely szimpátiát fejez ki a zsidó cionista törekvések iránt, és amelyet a kabinet elé terjesztettek és jóváhagytak.*
>
> *Őfelsége kormánya kedvezően tekint a zsidó nép számára Palesztinában létrehozandó nemzeti otthonra, és minden tőle telhetőt megtesz e cél elérésének elősegítése érdekében, azzal a világos megértéssel, hogy semmi sem történhet, ami sértené a palesztinai nem zsidó közösségek polgári és vallási jogait, illetve a zsidók bármely más országban élvezett jogait és politikai státuszát. Örülnék, ha ezt a nyilatkozatot a Cionista Szövetség tudomására hozná.*

A zsidók szorgalmasan dolgoztak azon, hogy a nem zsidó közvélemény elhiggye: Lord Balfour, látva ügyük „igazságosságát”, írta meg a nyilatkozatot, miután „eladta” az ötletet a brit kormánynak. A levél kiadásáról beszámolva a cionisták így fogalmaztak:

> „A Balfour-nyilatkozat méltán viseli ezt a nevet, nemcsak azért, mert Sir Arthur Balfour külügyminiszternek jutott az a feladat, hogy megírja ezt a történelmi levelet, hanem azért is, mert ő, minden más államférfiénál jobban, felelős a nyilatkozatban megfogalmazott politikáért”.

A zsidó nép iránti tisztesség kedvéért kutattam, de nem találtam semmilyen utalást Arábiai Lawrence-re vagy Hussein seriffre, sem pedig a palesztinai nép vezetőire, akiket Balfour vagy Sykes konzultált volna, bár alapos kutatást végeztem, hogy megnézzem, vajon ilyen esetet rögzítettek-e, és az elkerülte-e a kutatók figyelmét, de nem ez volt a helyzet. Folytatva O’Grady szavaival:

> És természetesen semmi sem állhatna távolabb az igazságtól. Az eredeti tervezetet maguk a zsidók írták. Ki volt az a Brandeis bíró, aki szerkesztette? Brandeis az Amerikai Demokrata Párt szélsőbaloldali szocialistája, az Egyesült Államok Legfelsőbb Bíróságának bírája és több cionista szervezet tagja volt. Arthur Balfour és Lord Rothschild tárgyalásai során – amelyekbe soha nem vonták be Hussein seriffet vagy Arabia Lawrence-t – Brandeis amerikai állampolgárként járt el, és soha nem kapott felhatalmazást a Kongresszustól vagy a Külügyminisztériumtól, hogy az amerikai kormány szóvivőjeként lépjen fel.

O’Grady történész kijelenti, hogy „Wilson elnök jóváhagyta”. Ez fontos kérdéseket vet fel: amikor Wilson bekapcsolódott a Brandeis, Lionel Rothschild, Lord Balfour és az Amerikai Cionista Párt közötti „megbeszélésekbe”, az elnöki tisztségétől eltérő minőségben járt-e el?

* Ha nem, akkor Wilson hivatalosan, az Egyesült Államok elnöki

minőségében járt el?

* Jóváhagyta-e a Kongresszus Wilson cselekedeteit, és azokat a Kongresszus finanszírozta-e?

* Ha igen, akkor Wilson felhatalmazást kapott-e az amerikai kongresszusi határozat alapján, hogy bármilyen minőségben cselekedjen?

> Wilson elnök jóváhagyta, majd aláírásra Balfour elé terjesztették. Az Egyesült Államok történelmében nincs ennél megalázóbb esemény. Nincs magyarázat arra, hogy miért Brandeis írta a nyilatkozatot, aki nem töltött be kormányzati tisztséget, majd miért terjesztette Lionel Rothschild elé, aki szintén nem töltött be hivatalos tisztséget a brit kormányban. (Maria O'Grady)

A háttérben zajló eseményeket Dr. Jacob de Haas magyarázza el a Brandeis bíró életrajzában:

> A [Balfour-nyilatkozat] számos vázlatát Londonban készítették el, és a Hadügyminisztérium csatornáin keresztül továbbították az Egyesült Államokba az Amerikai Cionista Politikai Bizottság számára. Az amerikaiak háborús tanácsokban betöltött vezető szerepe arra késztette a briteket, hogy a nyilatkozat kiadása előtt kérjék Wilson elnök beleegyezését és jóváhagyását a nyilatkozat szövegezésére vonatkozóan.
>
> A kormányok között táviratban továbbított tervezetet a Brandeis-rezsimnek adták át jóváhagyásra. A legszükségesebb módosítások után Wilson elnök – House ezredes közvetítésével, aki teljes mértékben szimpatizált a cionista célokkal – engedélyezte, hogy a brit kormánynak táviratban továbbítsák a közzétett változatot, amelyet az összes szövetséges kormány sorban jóváhagyott.
>
> A „Brandeis-rezsim" a Cionista Általános Ügyek Ideiglenes Bizottságára utal, amelynek Brandeis volt az elnöke. El tudja

ezt képzelni, kedves olvasó? Táviratban elküldött tervezetek, az Egyesült Államok, a brit Hadügyminisztérium, mind a cionisták érdekében dolgoznak! Milyen hatalmas hatalommal rendelkeznek!

Ismét nincs szó arról, hogy bármilyen formában konzultáltak volna Huszeinnel, Lawrence-szel, az arab vezetőkkel vagy a palesztin néppel, és úgy tűnik, hogy az Egyesült Államok Kongresszusa sem tudott semmit a nem amerikai kormányhoz tartozó Brandeis-bizottság és Lord Rothschild, Wilson és Balfour közötti titkos tárgyalásokról. Csak a cionistákkal konzultáltak.

A zsidó intrikákkal foglalkozó kutatók többsége gyanította, hogy a Balfour-nyilatkozat mögött brit és zsidó tervek és szándékok húzódnak meg. Bár az Egyesült Államok már közel hét hónapja háborúban állt, amikor a nyilatkozatot nyilvánosságra hozták, annak jelentőségét, mint az Egyesült Államokat bevonó tényezőt, nem hagyták figyelmen kívül.

Számos bizonyíték állt rendelkezésre, amelyekből pontos következtetéseket lehetett levonni. Az ilyen jellegű kormányzati tárgyalások azonban mindig titkosak, és általában nagyon nehéz meggyőző bizonyítékot szerezni a tranzakció idején.

Amikor az esemény már helyrehozhatatlan és elvész a múlt ködében, az emberek hajlamosak megírni emlékirataikat, és dicsekedni azokkal a titkos hőstettekkel, amelyek egykoron megrázták a világot. Így történt ez Landman úrral is. Ő volt az Egyesült Királyság Második Cionista Tanácsának tiszteletbeli titkára, a Zionist szerkesztője, valamint a Cionista Szervezet titkára és ügyvédje. Később az Új Cionista Szervezet jogi tanácsadója volt.

A *„Nagy-Britannia, a zsidók és Palesztina"* címmel, a *London Jewish Chronicle* 1936. február 7-i számában megjelent cikkében Landman úr a következőket írja:

A háború kritikus napjaiban, 1916-ban, amikor Oroszország

kilépése küszöbön állt, a zsidó közvélemény általában oroszellenes volt, és reménykedtek abban, hogy Németország győzelme esetén bizonyos körülmények között Palesztinát adja nekik, a szövetségesek több kísérletet tettek arra, hogy Amerikát a saját oldalukra állítsák a háborúban. Ezek a kísérletek sikertelenek voltak.

George Picot úr, a londoni francia nagykövetség képviselője, és Gout, a Quai d'Orsay keleti részlegének tagja, aki abban az időben szoros kapcsolatban állt a kabinet titkárságán dolgozó, mára elhunyt Sir Mark Sykes-szel, megragadták az alkalmat, hogy meggyőzzék a brit és a francia kormány képviselőit arról, hogy az amerikai elnök háborúba lépésének ösztönzésére a legjobb és talán az egyetlen módszer a cionista zsidóság együttműködésének biztosítása azáltal, hogy Palesztinát ígérnek nekik.

Így a szövetségesek bevonhatják és mozgósíthatják az amerikai és másutt élő cionista zsidóság eddig nem sejtett hatalmas erejét a szövetségesek javára, viszonossági alapon. Abban az időben Wilson elnök a legnagyobb jelentőséget tulajdonította Brandeis bíró tanácsának.

Sir Mark engedélyt kapott a háborús kabinettől, hogy felhatalmazza Malcolm urat, hogy ezen az alapon lépjen kapcsolatba a cionistákkal; sem Mark Sykes, sem Malcolm úr nem tudta, kik a cionista vezetők, és Malcolm úr L. J. Greenberg úrtól kért információt arról, kihez forduljon... A cionisták teljesítették a rájuk háruló feladatot, és segítettek bevonni Amerikát, az 1917. november 2-i Balfour-nyilatkozat pedig csupán a 1916-os szóbeli megállapodás nyilvános megerősítése volt.

Ezt a szóbeli megállapodást nemcsak a brit, francia, amerikai és más szövetséges kormányok, hanem az arab vezetők előzetes beleegyezése és jóváhagyása mellett kötötték... Mint már máshol részletesen kifejtettük, Dr. Weitzman és Sokolow úr tudták, hogy James Malcolm úr a brit háborús kabinet követe volt, amely felhatalmazta őt, hogy a nevükben kijelentse: Anglia a cionisták segítségéért cserébe átadja

> Palesztinát a zsidóknak, azáltal, hogy Brandeis bíró ráveszi az Egyesült Államokat, hogy a szövetségesek segítségére siessenek. Sir Mark Sykes és Malcolm úr egyaránt tájékoztatta a londoni és párizsi arab képviselőket, hogy az Egyesült Államok segítsége nélkül a háború után bármilyen arab állam létrejöttének kilátásai bizonytalanok, és ezért bele kell egyezniük abba, hogy Palesztina a zsidókhoz kerüljön, elismerésül az Egyesült Államok bevonásában nyújtott segítségükért.

Hosszas és alapos kutatás után sem sikerült megtalálnom azoknak az „arab képviselőknek Párizsban és Londonban" a nevét, akiket állítólag tájékoztattak arról a tervről, hogy megszegik a Mekkában és Medinában seriffként szolgáló Hussein bin Alinak és Lawrence ezredesnek tett ígéreteket, és Landman úr sem nevezi meg ezeket a titokzatos „arab képviselőket". Ez felveti a kérdést: „miért nem?" Mivel mindenki másról megemlíti a nevét, miért maradnak névtelenek az „arab képviselők"?

Teljesen egyértelmű, hogy sem Lawrence-t, sem Hussein bin Alit nem tájékoztatták a történtekről, miközben a Törökország elleni háborúban saját életüket és embereik életét kockáztatták; továbbá nem találtak olyan feljegyzést sem, amelyből kitűnt volna, hogy ez a két férfi tudott volna a cionistákkal folytatott titkos tárgyalásokról, vagy hogy felkérték volna őket képviselőik Londonba és Párizsba küldésére. A cionistákat tájékoztatták, de nem az amerikai népet, akinek a hátán a háborút meg kellett vívni.

16. FEJEZET

„Perfidious Albion”

> Mindenesetre, akárcsak a hétköznapi amerikai emberek, Lawrence és Hussein bin Ali sem tudtak semmit arról, amit Ramsey McDonald „hármas megállapodásnak” nevezett, és ami a hátaik mögött zajlott. És amikor eljött az idő, hogy Wilson a túlnyomó többség akaratával ellentétben belerángassa Amerikát az európai konfliktusba, gyenge kifogása az volt, hogy a háború „a demokrácia biztonságáért” folyik. Wilson által elkövetett árulás tovább él. Dr. Bella Dodd 1930-ban azt írta, hogy a helyzet Wilson alatt annyira rossz volt, hogy úgy érezte, „a modern történelem nagyrészt egy összeesküvés a igazság ellen”. (*The Conspiracy Against God and Man*, 9. oldal)

Rájöttem, hogy ha nem lett volna Edmond Rothschild báró támogatása, a Risonban, Zikronban és Rosh Pinában létrehozott orosz cionisták telepei kudarcot vallottak volna, és gyakorlatilag nem lett volna zsidó jelenlét Palesztinában. Ez volt Rothschild stratégiájának kulcsfontosságú része, hogy úgy tűnjön, a zsidók már éltek Palesztinában – egy trükk, ami bevált.

Rothschild két új kolónia, Ekron és Medull létrehozásában is segített. A század végére összesen huszonegy mezőgazdasági település létezett, de Rothschild nem bízott az telepesek képességeiben, és ragaszkodott ahhoz, hogy közvetlen felügyeletet és ellenőrzést gyakoroljon a települések felett. Hubert Herring And So To War című könyvében összefoglalja azt az árat, amelyet az Egyesült Államoknak kellett megfizetnie azért, hogy a cionisták megkaphassák Palesztinát:

> Mi fizettünk a háborúért. 126 000 halott, 234 300 megcsonkított és sebesült életével fizettünk. Több százezer ember felforgatott életével fizettünk, akiket a háború kitépett a békés világban megszokott helyükről. A háborús hisztéria ostorcsapásaival okozott, felbecsülhetetlen kárt fizettünk nemzeti morálunkban. Egy gazdasági zűrzavarral fizettünk, amelyből még mindig nem sikerült kilábalnunk. A háború közvetlen költségei elérték az ötvenöt milliárd dollárt. A közvetett költségeket soha nem lehet kiszámítani.

És mi volt a cserébe a cionisták részéről? Amennyire meg tudtam állapítani, abszolút semmi. Érdekes mellékmegjegyzés, hogy Herzlnek nem sikerült megszereznie X. Piusz pápa áldását a zsidók palesztinai bevándorlására:

> Nem tudjuk támogatni ezt a mozgalmat. Nem tudjuk megakadályozni, hogy a zsidók Jeruzsálembe menjenek, de soha nem tudnánk jóváhagyni.

A Cionizmus története című mű 129–130. oldalai szerint a beszélgetésre 1903-ban, a pápával való találkozón került sor, ami azt jelenti, hogy Lord Arthur Balfour már jóval azelőtt tudta, hogy aláírta a nyilatkozatot, hogy a katolikus egyház erőteljesen ellenzi a cionisták palesztinai bevándorlását, de erről senkinek sem szólt. Tehát a kettős játék mintája már 1903-ban is nyilvánvaló volt.

A katolikusok Izrael elleni ellenállása hozzájárulhatott a Rothschildok heves gyűlöletéhez Oroszország iránt, amelynek nagy része keresztény lakosságból állt.

Herzl, a cionizmus atyja 44 éves korában halt meg. *A Cionizmus története* című mű szerint soha nem jött ki túl jól a Rothschildokkal, sem az ortodox zsidósággal, amelynek vezető rabbijai nem kedvelték autokratikus stílusát. Herzl mindig mindenben az utolsó szót akarta mondani.

> Ahogy Herzl kritikusai rámutattak, Herzlben nagyon kevés volt a kifejezetten zsidó. Ez talán még világosabban kiderül a

> zsidó államról alkotott elképzeléséből... Herzl egy modern, technológiailag fejlett és felvilágosult államot képzelt el, amelyet a zsidók felvilágosítottak, de nem kifejezetten zsidó államot. (*A cionizmus története*, 132–133. oldal)

Aligha vitatható, hogy Herzl Palesztinát a zsidók vallási „hazájaként" tekintette, különösen annak fényében, hogy az új telepesek többsége Oroszországból érkezett, és korábban semmilyen kapcsolata nem volt Palesztinával, és nem volt olyan történelmi előzmény, hogy orosz zsidók valaha is ott éltek volna, és nem is voltak különösebben vallásosak.

Lacquer ezt bőven egyértelművé teszi. Lord Chamberlain felajánlotta, hogy „hazát" biztosít a zsidóknak Ugandában, annak ellenére, hogy Uganda nem a brit kormány tulajdonában lévő föld volt, amit odaadhatott volna. Chamberlain elmondta Herzlnek, hogy járt Ugandában, és úgy gondolta: Itt van egy föld Dr. Herzl számára, de persze ő csak Palesztinát vagy annak környékét akarja. Igaza volt. Herzl elvetette az ötletet. Csak Palesztina foglalkoztatta, és semmi más nem jöhetett szóba. 1903. május 30-án így írt Rothschildnak: Nem csüggedtem el. Már van egy nagyon befolyásos ember, aki segít nekem. (*A cionizmus története*, Walter Laqueur, 122–123. oldal) Ez volt Herzl valódi autokratikus stílusa a gyakorlatban.

Bár nem sikerült közvetlen kapcsolatot feltárnom a Rothschildok és Sir Halford Mackinder között – például olyan levelezést, amely közvetítőkön keresztül zajlott volna, és arra utalt volna, hogy a két fél számos ügyben konzultált egymással, különösen a jövőbeli „Egyetlen Világkormány" – Új Világrend – tervezetének kidolgozása során, amelynek elkészítésével Mackindert bízták meg. A kommunista eszmék melegágyának számító London School of Economics védenceként Mackinder mindazonáltal konzervatív látszatot keltett, és úgy gondolják, hogy a párizsi békekonferencián befolyásolta Wilson elnököt abban a tekintetben, hogy milyen lépéseket kell végrehajtani az Új Világrend bevezetése érdekében a Nemzetek Szövetségének mandátuma révén. Bizonyos, hogy a Rothschildok nagyban hozzájárultak a világszocialista álom megvalósításához. Egy hónappal azután, hogy Wilson megérkezett a párizsi békekonferenciára, megjelent Mackinder új könyve, *a Democratic Ideals and Reality (Demokratikus eszmék és valóság)*. A könyv megjelenésének időzítése nem volt véletlen.

Mackinder könyvében egy Új Világrend (NWO) létrehozását szorgalmazta egy Egy Világkormány keretében, látszólag a Nemzetek Szövetségén keresztül. Ha ezt a célt békés, önkéntes eszközökkel nem lehetett elérni, akkor erőszakhoz kellett folyamodni.

Mackinder elismerte, hogy bár az Új Világrend ideális esetben demokratikus intézmény lenne, nem lehetett kizárni, hogy időnként diktatúrává válik. A cionisták azt állították, hogy a Nemzetek Szövetsége az ő elképzelésük volt, és erre utal Maria O'Grady is könyvében, ahol a következőket írja:

> Wilson elnököt zsidó pénzügyi testvériség vette körül, akiket a gonosz House ezredes ide-oda hajtott, és akiket a cionista Brandeis tanácsolt. (342. oldal)

A cionisták nagyra értékelték a Nemzetek Szövetségének koncepcióját, és azt saját alkotásuknak tartották:

> A Liga zsidó ötlet – mondta Nahum Sokolow a karlsbadi konferencián. 25 éves küzdelem után hoztuk létre.

A szocialisták által dominált végső világkormány a szocializmus régóta dédelgetett célja, és közismert, hogy ezt az elképzelést a Rothschildok is támogatták. A Rothschildok családjának egyik tagjaként, Jacob Schiff keményen dolgozott a Nemzetek Szövetségének létrehozásán. A szervezet 3000 font adományt kapott a család londoni ágának képviselőjétől, N. M. Rothschildtól. Mint látni fogjuk, ennek hátsó szándéka lehetett, mivel a Liga döntő szerepet játszott abban, hogy a brit kormány mandátumot kapjon Palesztinára, ami döntő lépés volt a zsidóknak Palesztinában való „hazájának" megadásához vezető úton. Ezt szem előtt tartva térjünk vissza Lord Balfourhoz és az úgynevezett „Balfour-nyilatkozathoz", amely kettős játékra, megtévesztésre és titkos megállapodásokra épült Lawrence ezredes és az arabok háta mögött.

Balfour sietett kifejteni, hogy a palesztinai „zsidó hazának" létrehozása nem jelenti azt, hogy zsidó államot kényszerítenek a palesztinai lakosságra, de a későbbi események fényében ez vált a cionisták céljává. Ahogy Balfour fogalmazott:

> ... hanem a meglévő zsidó közösség további fejlődése, annak érdekében, hogy az a zsidó nép egészének olyan központjává válhasson, amelyben vallási és faji alapon érdekeltséget és büszkeséget érezhetnek.

Amit Balfour kihagyott, az az volt, hogy semmi, amit a britek tettek vagy mondtak, nem tudta elhomályosítani azt a tényt, hogy Palesztina nem az övék volt, hogy odaadják, és a brit kormánynak sem volt a legcsekélyebb joga sem, hogy mandátumot szerezzen Palesztinára. De Balfour, Lord Nathan Rothschild támogatásával, ennek ellenére tovább nyomult, mintha a két férfinak veleszületett joga lenne úgy cselekedni, ahogy nekik tetszett.

Lord Balfour teljesen figyelmen kívül hagyta az arabok és más népcsoportok, köztük a keresztények több mint 7000 éves jogait. Nem más, mint Walter Laqueur, a cionizmus egyik legkiválóbb szakértője erősítette meg, hogy a Balfour-nyilatkozat értelmében Palesztinába költöző zsidók többsége Oroszországból érkezett. Korábban semmilyen kapcsolatuk nem volt Palesztinával. Laqueur arra is rámutatott, hogy az orosz zsidók nem voltak túl boldogok attól, hogy Oroszországból elszakítják őket és Palesztinába küldik őket:

> Az orosz zsidóság megosztott volt a cionizmus és a zsidó nemzeti otthon (vallási hazájuk) iránti hozzáállásában, és semmiképpen sem tudta volna Oroszországot a háborúban tartani. A szövetségesek viszont, kissé durván fogalmazva, akkor is megnyerték volna a háborút, ha nem tettek volna

ígéretet a cionistáknak.

Laqueur – ha kissé burkoltan is – azt a „megállapodást” magyarázta, amelyet a cionisták kötöttek Balfourral, nevezetesen, hogy ha a cionisták be tudják vonni az Egyesült Államokat a háborúba a szövetségesek oldalán, a britek cserébe létrehoznak egy zsidó hazát Palesztinában.

> A Balfour-nyilatkozat elfogadása után nem sokkal tartott zártkörű találkozón, amikor megkérdezték tőle, hogy szándékában állt-e a zsidók támogatását megnyerni a háborúban, Balfour röviden azt válaszolta: „Természetesen nem”, majd elmagyarázta, hogy úgy érezte, közreműködött egy világtörténelmi jelentőségű sérelem orvoslásában. 1922-ben Balfour egy beszédében kijelentette, hogy egész Európa kultúrája súlyos bűnöket követett el a zsidók ellen, és Nagy-Britannia kezdeményezte, hogy lehetőséget adjon nekik arra, hogy békében fejlesszék azokat a nagyszerű adottságokat, amelyeket a múltban a diaszpóra országaiban tudtak kamatoztatni. (*A cionizmus története*, 203. oldal)

Balfour nem magyarázta el, miért tartották törvényesnek, hogy Palesztinát a zsidóknak adják, amikor az egy olyan néphez tartozott, amely 7000 éve ott élt, különösen mivel Madagaszkáron egy nagy földterületet, valamint ugandai földeket is felajánlottak, de azokat vita nélkül elutasították. Balfour azt sem magyarázta el, hogy a zsidók javára tett nagylelkű gesztusa a palesztinai arab és más nem zsidó lakosság rovására történne. Soha nem magyarázta el, milyen kapcsolatuk volt Palesztinával az új telepesek többségének, akik Oroszországból érkeztek.

Dr. Jacob de Haas szerint Balfour önzetlen kijelentéseit erősen kétségbe kell vonni, mert a nyilatkozat valódi motivációja az volt, hogy az Egyesült Államokat rávegye a háborúba való belépésre a szövetségesek oldalán.

A Balfour-nyilatkozat mögötti valódi indítékok megerősítését egy másik megbízható forrás, a Congressional Record 1939.

április 25-i, 6597–6604. oldalai szolgáltatták, amelyek Nye szenátor amerikai szenátusban elhangzott beszédét tükrözik:

> Megjelent egy sorozat „A következő háború" címmel. A sorozat egyik kötete a „Propaganda a következő háborúban" címet viseli. Ezt a kötetet Sydney Rogerson írta.
>
> Nem sikerült semmilyen információt találnom a szerzőről, de a sorozat főszerkesztője, aki a című kötetet is szerkesztette, egy olyan személy, akinek a nevét világszerte elismerik, mint Nagy-Britannia egyik legtekintélyesebb szakértőjét. Ő nem más, mint Liddell Hart kapitány, a *London Times* munkatársa, író és Európa egyik legelismertebb katonai szakértője.
>
> Úgy tudom, hogy ez a „Propaganda in the Next War" című kötet, amelyet tavaly ősszel adtak ki és forgalomba hoztak, ahelyett, hogy bővült volna a példányszáma, most azok kezében szenved, akik ki akarják vonni a forgalomból. Néhány napja magammal hoztam a kötetet a szenátusba. Sajnálom, hogy ma nincs nálam a című kiadvány. Úgy tudom, hogy ez az egyetlen példány a „Propaganda a következő háborúban" című könyvből, amely az Egyesült Államokban elérhető. Meg lehet szerezni, kölcsönkérhetem, ha szükségem lenne rá a szenátusban, de már nem könnyű beszerezni. Bárcsak meglenne nekem a teljes mű, és minden szenátor elolvashatná.

Az alábbiak a *„Propaganda in the Next War"* című műből származó idézetek:

> Időről időre a mérleg nyelve azon a kérdésen állt, hogy az Egyesült Államok melyik oldalt fogja támogatni, és a végeredmény dicsőséget hozott a mi profán gépezetünknek. Maradnak még a zsidók. Becslések szerint a világ 15 millió fős zsidó népességéből nem kevesebb, mint 5 millió él az Egyesült Államokban; New York lakosságának 25 százaléka zsidó. Az első világháború alatt lefizettük ezt a hatalmas zsidó közönséget a palesztinai nemzeti otthon ígéretével, amit Ludendorff a propaganda mesterművének tartott, mivel

> ez lehetővé tette számunkra, hogy ne csak az amerikai zsidókhoz, hanem a németországi zsidókhoz is szóljunk.

George Armstrong *A Rothschild Money Trust* című művében elmagyarázza, hogyan történt ez:

> Kétségtelen, hogy Wilson elnök 1916-os második megválasztása előtt távol tartott minket a háborútól. Ugyanígy kétségtelen, hogy ezt a szlogent használva választották meg. Miért gondolta meg magát röviddel a választás után ? Miért kötött megállapodást a brit kormánnyal a szövetségesek támogatásáról? Ez eddig megmagyarázhatatlan rejtély maradt.

17. FEJEZET

A „hármas kereszt" dönti el Palesztina sorsát

Ramsey McDonald a Balfour-nyilatkozatot „hármas csalásnak" nevezte, mégis a Nemzetek Szövetsége 1923. szeptember 23-án elkövette az első hibáját egy hosszú sorozatból azzal, hogy brit mandátumot adott, ezzel már a játék korai szakaszában bebizonyítva, hogy semmilyen értelemben sem volt pártatlan szervezet. A Mandátum Bizottság preambulumában idézve a Balfour-nyilatkozatot, a bevándorlás problémáival foglalkozott, és számos cikkelyben javasolta azok kezelését, amelyek közül a 22. cikkely volt a legmeggyőzőbb. Sehol sem foglalkozott azzal a kérdéssel, hogy Nagy-Britannia olyan földet adjon át, amely nem az övé:

> Mivel a Nemzetek Szövetsége kijelenti: „Ahol a népek még nem képesek önállóan fennmaradni, ott kormányzati szervezetet kell létrehozni számukra, összhangban azzal az elfogadott meggyőződéssel, hogy e népek jóléte és fejlődése a civilizáció szent bizalmát képezi".

A tapasztalatlanok számára talán nem azonnal nyilvánvaló, milyen finom módszerrel kerülték meg a Wilson-garanciákat, de a 23. cikk lényegében semmissé tette Wilson „önrendelkezés és függetlenség" garanciáit, és helyettesítette azokat a Nemzetek Szövetségének képzeletbeli jogával, hogy beavatkozzon a szuverén nemzetek és államok ügyeibe, ezzel gyakorlatilag bemocskolva saját alapokmányát. Így a tisztességes gondolkodásúak számára nyilvánvalóvá kell válnia, hogy a Liga már kezdetektől fogva szándékában állt, hogy könnyedén és laza kézzel bánjon a szuverén nemzetek és államok belügyeivel. Ez az erkölcstelenség és a háttérben zajló politikai manipuláció még szégyenteljesebb formában folytatódott, amikor a Nemzetek Szövetsége megszülte törvénytelen gyermekét, az Egyesült Nemzetek Szervezetét (UN), amely 1948-ban Palesztinát a cionistáknak ítélte oda, ezzel erőszakot téve a már rég elfeledett, elhunyt szülőszövetség 22. cikkében megtestesült „civilizációk szentségén".

Arabia Lawrence-t és Mekka seriffjét megdöbbentette a britek által Emir Husseinnek tett ígéret megszegése, aki a török hadsereg ellen harcolt, és hitt Lawrence ígéretében, miszerint Nagy-Britannia mindig tartja a szavát.

A békekonferencián az arabokat Feizal emír, Hussein seriff fia képviselte. Ő vezette az arab csapatokat Lawrence ezredes irányítása alatt, és aláírója volt a McMahon–Hussein-szerződésnek, amely írásos biztosítékot adott arra, hogy Nagy-Britannia betartja az araboknak Palesztinával kapcsolatos kötelezettségvállalásait és ígéreteit.

Mivel nem értette teljesen az angol és a francia nyelvet, és nem volt hozzászokva a sötét intrikákhoz és az ígéret megszegéséhez, Feizal nem fogta fel, mi történik, annyira, hogy Wilsontól kért segítséget, aki egy amerikai bizottságot, a King–Crane-bizottságot küldte Palesztinába a helyzet kivizsgálására.

A King-Crane-bizottság tagjainak Wilsonnak tett jelentése megdöbbentő volt: Palesztina lakosságának kilencven százaléka ellenezte a zsidók Palesztinába történő bevándorlását. Idézet a bizottság jelentéséből:

> Egy ilyen beállítottságú népet korlátlan bevándorlásnak és folyamatos pénzügyi és társadalmi nyomásnak kitenni a földjük feladására súlyosan megsértené az imént idézett elveket és a nép jogait; bár ez a nemzetközi jog formáit betartaná, a legjobb szándékkal, kétséges, hogy a zsidók a keresztények és a muszlimok számára a Szent Helyek

> megfelelő őrzőinek vagy a Szent Föld egészének gondnokainak tűnhetnének-e.

A cionisták elhatározták, hogy eltemetik a jelentést. Wilson, behódolva a körülötte lévő cionistáknak, feladta a nemzetek szövetségével kapcsolatos elveit, és egy hamis „mandátumrendszer" váltotta fel az „önrendelkezés" záradékot.

A Nemzetek Szövetségének felügyelete alatt egy hamis „mandátumot" adtak Palesztinára a briteknek. Wilson hite a nem európai népek „elmaradottságában" meggyőzte arról, hogy azok elfogadják a mandátumrendszert. A King-Crane-bizottság jelentését félretették, így az imperializmus és a cionizmus diadalmaskodott a mandátumok leple alatt. A bizottság jelentése egyszerűen eltűnt a nyilvánosság elől.

Nem jelent meg a *London Times-ban* vagy *a New York Times-ban*, és nem került a Képviselőház és a Szenátus napirendjére sem. Ismétlem: egyszerűen eltűnt! De szerencsére „a civilizáció szent megbízatása" érdekében a jelentés megjelent egy kisebb kiadványban, az Editor and Publisher-ben. Hogyan és miért „tűnt el"? Az olvasó levonhatja saját következtetéseit, amelyek meglehetősen magától értetődőek.

> Amikor Brandeis bíró meghallotta, hogy a mandátumot irányító brit tisztviselők nem kedveznek a zsidóknak, azonnal Palesztinába indult életrajzírója, Dr. de Haas kíséretében. Megérkezésükkor a Szentföldön kiderült, hogy a jelentések csak túlságosan is igazak. Dr. de Haas leírta, hogy a brit főparancsnok, valamint a katonai és polgári segédtisztek a Balfour-nyilatkozatot a háború egy elfeledett epizódjának tekintették. Az amerikai legfelsőbb bírósági bíró egyenesen Balfourhoz fordult.

Egy kiegészítő megjegyzés: hangsúlyozom azt a tényt, hogy egy amerikai legfelsőbb bíró Palesztinába utazott, hogy megdorgáljon egy brit tisztviselőt, nem is akármilyet, hanem a külügyminisztert, és követelte, hogy a palesztin közigazgatást szidalmazzák meg! Ki adta az amerikai nem hivatalos, az amerikai kormányt nem képviselő személynek ilyen hatalmat? Ezzel az arrogáns hatalmi fitogtatással Brandeis megfélemlítette mindazokat, akik ellenezték a cionista politikát Palesztinával kapcsolatban.

> Néhány órával később a brit külügyminisztérium emlékeztette az egyiptomi és palesztinai katonai hatóságokat nemcsak a Balfour-nyilatkozat szövegére, hanem arra is, hogy az ügy „chose-jugee", vagyis nagyon is aktuális.
>
> Számos palesztin tisztviselő kereste a kívánatos kapcsolatfelvételt, és Meinertzhagen ezredest, egy kifejezett cionistát küldtek Palesztinába. Nem voltak tiltakozások, nem kavargott fel a zavaros politikai víz. Brandeis közvetlen diplomáciája eredményeket ért el. (Dr. Jacob de Haas, Brandeis bíró életrajzírója)

Hogyan is juthatott el egy olyan személy, aki nem rendelkezett hivatalos kormányzati státusszal, sem hivatalos pozícióval, Palesztinába és Nagy-Britanniába, és kezdett el követeléseket támasztani, hogy a cionistáknak engedelmeskedjenek? Talán vissza kellene lépnem, és összekapcsolnom néhány szálat.

Tény, hogy amikor Brandeis Balfourhoz ment, az utóbbi azonnal felvette a kapcsolatot Lord Nathan Rothschilddal, aki, úgy tűnik, zöld utat adott azoknak a lépéseknek, amelyeket Balfour meg akart tenni. Így véleményem szerint egyértelmű kapcsolat volt a palesztinai cionista tervek előrehaladása és Lord Rothschild között, ami közvetlenül Balfourhoz, majd Brandeishez vezetett vissza.

* Az arabok haragja 1929-ben erőszakba torkollott;

* A Heródes-templom Siratófalához fűződő jogok miatti zsidó-arab vita nyílt konfliktussá fajult;

* A keresztény arabok a mohamedánokkal szövetkeztek a zsidók ellen.

Egy brit bizottság jelentése szerint a zavargásokat az arabok növekvő félelme okozta a zsidó többség erősödésétől és a betolakodók szisztematikus földvásárlásaitól. A bizottság javasolta a bevándorlás és a földvásárlás korlátozását. A cionisták tiltakozása ellenére a javaslatokat elfogadták. A brit kormány 1930. október 20-án a Fehér Könyv néven ismert dokumentumban tette közzé a megállapításokat... 1938 novemberében a brit kormány bejelentette, hogy elveti a felosztási javaslatot, és megpróbálja előmozdítani az arabok és a cionisták közötti megegyezést. Az arabok érthető álláspontot fogadtak el, miszerint országukat ellopják tőlük, és a tárgyalások olyanok, mintha egy tolvajjal alkudoznának a vagyonuk egy részének visszaszerzéséről.

Miután az arabok és a zsidók nem tudtak megegyezésre jutni, a britek bejelentették, hogy saját megoldást kell találniuk. 1939. május 17-i fehér könyvében a brit kormány elutasította a Balfour-nyilatkozatról alkotott korábbi értelmezéseit, mivel azok ellentétesek voltak az arabokkal szemben fennálló brit kötelezettségekkel. A brit államférfiak kétségtelenül felismerték a Balfour-nyilatkozat arabokkal szembeni igazságtalanságát, de ekkor már késő volt bármit is tenni az ügyben. Az 1939-es, úgynevezett MacDonald-fehér könyv látszólag őszinte szándék volt arra, hogy kijavítsa az 1917-es hibát. A fehér könyv, megkísérelve racionalizálni Balfour politikáját, ragaszkodott ahhoz, hogy a zsidó hazának Palesztinában már létezett. Hogy ne legyen kétség Nagy-Britannia jövőbeli álláspontját illetően, a fehér könyv kijelentette:

„Őfelsége kormánya ezért most egyértelműen kijelenti, hogy nem része politikájának, hogy Palesztina zsidó állammá váljon. Valójában ellentétesnek tartanák a mandátum alapján az arab nép iránti kötelezettségeikkel, valamint a múltban az arab népnek adott biztosítékokkal, hogy Palesztina arab lakosságát akaratuk ellenére egy zsidó állam alattvalóivá tegyék. A zsidók haragja határtalan volt. Az új brit politika a témában a gondosan kidolgozott terveik kudarcát jelentette, és nem állt szándékukban hagyni, hogy a vita a Fehér Könyvvel véget érjen. Világméretű rágalmazási kampányt indították a brit kormány ellen, amelyet a tényeket alaposan eltorzító propagandamateriálokkal egészítettek ki. Végül arra a következtetésre jutva, hogy Nagy-Britannia, mint mandátumhatóság, soha nem fogja engedélyezni számukra egy zsidó állam létrehozását Palesztinában, a zsidók erőszakos kampányba kezdtek, hogy rákényszerítsék a briteket a Fehér Könyv visszavonására vagy a mandátum átadására az Egyesült Nemzetek Szervezetének.

A cionisták által a reguláris hadsereg mintájára szervezett Hagana mozgósításra került, és támadásra készen állt. Két terrorista csoport, az Irgun Zvei Leumi és a Stern-banda támadt a brit mandátumhatóságok és a palesztin nép ellen. A terroristák, lengyel és orosz kazár testvéreik hagyományait követve, gyilkoltak, bombáztak és fosztogattak. (Olivia Maria O'Grady)

18. FEJEZET

A cionisták elfoglalják Palesztinát

Anélkül, hogy tovább mennénk, máris megvan a cionisták palesztinai betörésének története, amely három háború, számtalan terrorcselekmény és zavargás alapját képezte, valamint a béke teljes hiányát, amely Palesztinát és a Közel-Keletet sújtotta, és továbbra is sújtani fogja, amíg minden fél jogait igazságosan el nem ismerik. Sajnos a Nemzetek Szövetségének tévedését egy ugyanolyan törvénytelen teremtmény, az Egyesült Nemzetek Szervezete örökítette meg.

1919. július 8-án Wilson elnök, miután végrehajtotta House ezredes utasításait, aki azokat a Rothschildoktól kapta, hazatért.

Ha Wilson azt várta, hogy győztes hősként fogadják, akkor sajnos tévedett. Arra utal, hogy Wilson külföldi személyiségek irányítása alatt állt, az a tény, hogy egyetlen törvényhozót sem vitt magával Párizsba, sőt, még a saját Demokrata Pártjából sem.

Tanácsadói főként Wall Street-i bankárokból és nemzetközi szocialistákból álltak. Párizsi útjának egyik legfurcsább aspektusa az volt, hogy ő és kísérete több mint egymillió dollár értékű ékszerajándékot fogadott el számos nem kormányzati jóakarótól.

Az a politikai vihar, amely az elnököt elöntötte, amikor az Egyesült Államok Szenátusának bemutatta az Egy Világkormány tervezetét, minden eddiginél hevesebb volt. A legtöbb valószínűleg a párizsi tárgyalásokat irányító, Németország iránti uralkodó „hozzáállás” hatására Wilson azt követelte, hogy a Szenátus pontosan úgy ratifikálja a szerződést, ahogyan azt előterjesztették, lényegi változtatások és vita nélkül.

Ez megdöbbentő fejlemény volt az amerikai politikában, amire korábban még soha nem került sor. Ez egy „mindent vagy semmit" helyzet volt, amely kizárólag a Párizsban tartott titkos, zárt üléseken alapult. (A német delegációt egy héten át a szállodában tartották, miközben ez zajlott, és nem vettek részt benne). Wilson diktatórikus magatartása nem maradt támogatás nélkül: a Fabian Society egyik amerikai tagja, Shotwell professzor többé-kevésbé azt mondta a Szenátusnak, hogy siessenek és ratifikálják a szerződést.

Shotwell az Egyesült Államok felső szintű párhuzamos titkos kormányának, a Külkapcsolatok Tanácsának (CFR) prominens tagja volt. Robert Owen szenátor, akit 1919-ben a kifejezetten erre a célra létrehozott Federal Reserve Act elnökévé neveztek ki, most a Szenátusnak benyújtandó Nemzetek Szövetsége-szerződésről szóló jelentés bizottságának elnöke volt.

Wilson szerződését támogatók között volt még Eugene Delano, Thomas J. Lamont és Jacob Schiff. Lamont régóta a Fabian Szocialista-Kommunista Szövetség szimpatizánsa volt, Schiff pedig később segített finanszírozni az 1904–1905-ös orosz–japán háborút és az oroszországi bolsevik forradalmat. Mindannyian kapcsolatban álltak a Rothschildokkal vagy azokhoz tartoztak.

Különösen figyelemre méltó, hogy Schiff egy Wall Street-i bankár volt, aki banki karrierjét a Rothschildok pénzügyi támogatásával kezdte, akiknek ő volt a teremtménye.

1920. március 19-én a Versailles-i Szerződést ratifikálásra terjesztették a Szenátus elé, de már a kezdetektől erős ellenvetések merültek fel. Wilson követelése, hogy a szerződést „jelenlegi formájában" fogadják el, felháborította számos szenátort, akik számos módosítást és fenntartást terjesztettek elő, amelyeket Wilson nem volt hajlandó elfogadni a Rothschildok nevében eljáró House ezredes tanácsára. November 19-én a szenátus elutasította a Versailles-i Szerződést, mind fenntartásokkal, mind anélkül, mivel abban nagy veszélyt látott az amerikai alkotmány szuverenitására nézve, és kísérletet az alkotmányi hatalmak bitorlására. A szavazás eredménye 49-35 volt.

Ez egyszer House ezredes és a Rothschildok a vesztes oldalon álltak. Wilson ekkor rendkívüli lépésre szánta el magát: megvétózta a Kongresszus közös határozatát, amely a Németországgal folytatott háború végét hirdette! Ezen a ponton vissza kell tekintenünk a múltba: az első világháború előzményei során, amikor Wilson megpróbálta belerángatni Amerikát a háborúba, dühös hangok emelkedtek fel Wilson és kormánya ellen.

Valójában az amerikai nép 87 százaléka ellenezte a háborút, de nem tudott felülkerekedni a nemzetközi szocialistákon és azok nemzetközi bankárain. *A Chicago Tribune* határozottan és éles hangon ellenezte Amerika háborúba lépését, és kijelentette, hogy „Brandeis titkos telefonon keresztül irányította a Fehér Házat". Cyrus D. Eaton így fogalmazott:

> Amerika becsületét vesztette azzal, hogy belépett az első világháborúba, míg később (1925-ben) H. Spencer kapitány „Democracy or Shylockcracy" című könyvében idézett egy táviratot, amelyben Sir William Wisemen, Wilson elnök brit MI6-os felügyelője azt írta: „Brandeis felhívta Rothschildot." Dembitz Brandeis bíró kétségtelenül a Rothschildok irányítása alatt állt. Hosszú idővel azután, hogy az amerikai szenátus elutasította a Versailles-i békeszerződés ratifikálását, még mindig hangosak voltak az Amerika-ellenes hangok.

Például Paul Hymens, Belgium volt külügyminisztere így nyilatkozott:

> „Amerika megtagadta a szerződés ratifikálását, és semmisnek tekintette azt az embert, aki Európába utazott, hogy az ő nevében járjon el." (*The New York Evening Post*,

1925. július 16.)

Ez nem volt semmi új, ami. Wilson elnök jellemét illeti. Miközben minden ismert politikai erőt mozgósított, hogy az Egyesült Államokat bevonja az első világháborúba a Rothschildok által House ezredes révén gyakorolt erős nyomás alatt, Wilson durván és erőszakosan megsértette az Egyesült Államok Alkotmányát azzal, hogy egy törvényt erőltetett át az amerikai kongresszuson, amely az államok milíciáját hívta be, hogy Franciaországba küldjék harcolni.

Ez véleményem szerint az amerikai történelem egyik legsúlyosabb alkotmányellenes cselekménye marad, mert Wilson az Alkotmány ellen cselekedett, pontosan tudva, hogy milyen súlyos hibát követ el, megsértve hivatali esküjét.

De mielőtt részleteket adnék Wilson amerikai nép ellen elkövetett szörnyű bűncselekményéről – az arabok és palesztinok ellen elkövetett bűncselekményeket most hagyva –, szeretnék néhány eddig ismeretlen tényt közölni arról a férfiról, aki Wilson irányítója és alteregója volt, Mandel House ezredesről, egyszerűen azért, mert ez a titokzatos és baljóslatú férfi olyan hatalmas, háttérben maradó, árnyékos szerepet játszott az Egyesült Államok történelmében, ráadásul a Rothschildok közeli barátja volt.

Edward Mandel House Thomas William és Elizabeth (születési neve Shearn) fia volt. House 1837-ben vándorolt ki az Egyesült Államokba, és Texasban telepedett le, ahol a pamutiparban kezdett el dolgozni, majd a Rothschildok nevében és érdekében a banki szektorba lépett.

Az idősebb House mindig a Rothschildok megbízható ügynökeként működött. Edward a Cornell Egyetemen tanult, és a texasi kormányzó tanácsadója lett, bár hivatalos tisztséget nem töltött be, és ezt a karriert a Wilson-kormány alatt is folytatta.

Texas állam a fiatalabb House-t tiszteletbeli ezredessé nevezte ki, egy címet, amelyhez rendkívüli karrierje során végig ragaszkodott. Nincs arra utaló jel, hogy Texas állam miért részesítette előnyben Edward House-t.

1900 első felében a Rothschildok Európába küldték House-t, hogy megtanulja, hogyan irányítják a bankárok a politikát és a politikusokat. Amikor visszatért Amerikába, House a demokrata politika vezető fényévé vált, és ő volt az, aki Woodrow Wilsont választotta a Demokrata Párt elnöki jelöltjének.

House nagyban hozzájárult Wilson választási győzelméhez, majd kidolgozta politikáját, különösen a külpolitikát. A téma néhány valódi szakértője úgy véli, hogy House volt a Rothschildok parancsainak közvetítője a Federal Reserve Bankok létrehozásában, bár az Egyesült Államok Alkotmánya tiltotta a központi bankot.

Így nyugodtan kijelenthető, hogy House irányította azt a huszonöt sorsdöntő évet, amely örökre megváltoztatta az Egyesült Államok arculatát, és egy törvénytelen szövetségi kormányhoz vezetett, amely néhány év alatt tönkretette azt, amit az alapító atyák és az őket követő generáció csaknem kétszáz év alatt épített fel.

Wilson volt az első amerikai elnök, aki de facto császári státuszt öltött magára abban, ami később az Amerikai Egyesült Államok Birodalmává vált, és aki a nemzetközi szocialista egyvilágkormányon belüli Új Világrend hajtóereje és vezetője volt.

19. FEJEZET

A Rothschildok létrehozzák központi bankot Amerikában

A Rothschild-dinasztia irányítása alatt mélyreható változások mentek végbe Európában, amelyek közül talán a legfontosabbak a következők voltak:

* I. Napóleon felemelkedése, mint a Rothschildok által kiválasztott ügynök az európai uralkodók megdöntésére;

* A Romanov-dinasztia bukása és a keresztény Oroszország megsemmisítése a bolsevik kommunisták keze által;

* Az angol–búr háború, egy népirtó háború, amely a 19·század fordulójának egyik legfontosabb háborúja volt, de amelyet a szőnyeg alá söpörtek.

Úgy vélem, hogy ezek a mélyreható változások nem történhettek volna meg a Rothschild-dinasztia irányító keze és a célra fordított hatalmas pénzügyi források nélkül.

Mielőtt a bolsevik Oroszország előtti eseményekkel foglalkoznék, áttekintem azt a történelmi folyamatot, amely a Rothschild-család dél-afrikai beavatkozásához vezetett a világ legnagyobb arany- és gyémántmezőinek megszerzése érdekében, és amely az 1899–1903-as angol–búr háborúhoz vezetett.

Az 1830-as években a Fokföldön élő farmerek (akiket búroknak neveztek) beköltöztek a hatalmas, lakatlan hátországba, ami a Nagy Vándorlás néven vált ismertté. Felháborította őket a britek beavatkozása az életükbe, különösen a rabszolgák felszabadítása. Hatalmas nehézségeket győztek le, amikor ökrös szekereken gyakran zord hegyeken át ezer mérföldet utaztak, és letelepedtek azon a kopár földön, amely később az Orange Free State és a Transvaal Köztársaságokká vált.

Amikor hatalmas gyémánt- és aranylelőhelyeket fedeztek fel, a kopár földeket azonnal a Rothschildok szemelték ki maguknak, akik Cecil John Rhodes személyében egy ügynököt küldtek, hogy a nevükben biztosítsa a birtoklást és az irányítást. 1898-ban Rhodes, a Rothschildok dél-afrikai képviselője, felkérte Lord Rothschildot, hogy vásárolja ki a franciák érdekeltségeit a gyémántbányákban, ezzel előkészítve a terepet a Rothschildok teljes ellenőrzése számára.

A brit kormány „annektálta" az Orange Free State területének egy részét, amelyet Griqualand West néven ismertek (a gyémántleletek helyszíne), és három évvel később a Transvaalt is annektálta, bár mindkét esetben semmiféle törvényes vagy legitim igényük nem volt a földre – egy taktikát, amelyet 1917-ben Palesztinában is alkalmaztak. (A Balfour-nyilatkozat)

Cecil Rhodes volt a búr háború fő kezdeményezője. A gazdag ércekkel teli mesés aranymezők, amelyek keletről nyugatra 200 mérföldön át húzódtak, ragyogó zsákmányt jelentettek, amelyet a Rothschildok elszántan meg akartak szerezni. A feszültség Nagy-Britanniával állandósult, mivel a búrok nem voltak hajlandók elismerni Viktória királynő hamis igényét az Orange Free State-re és a Transvaal Köztársaságra.

Egyértelmű provokáció volt a Starr Jameson vezette 600 fegyveres ember által végrehajtott rajtaütés, amelynek célja Paul Kruger elnök búr kormányának megdöntése volt.

Ez volt az előzménye az angol–búr háborúnak, amely 1899-ben tört ki, miután Rhodes machinációi, amelyekkel a brit kormány által kívánt célokat, az arany- és gyémántmezők elfoglalását akarta elérni, kudarcot vallottak.

A búrok holland, ír, skót, angol és német származásúak voltak. Afrika legdélibb csücskébe, az úgynevezett „Fokföldre" vándoroltak, ahol először a hollandok, majd az britek létesítettek üzemanyag-, élelmiszer- és frissvíz-ellátó állomást a Távol-Kelet és Európa között kereskedő hajóik számára. A később Fokváros néven ismert városban virágzó, független közösség alakult ki holland uralom alatt.

Abban az időben nem éltek fekete (bantu) emberek Afrikában a Zambezi-folyótól délre, a Fokföld és az északi Zambezi-folyó közötti hatalmas, lakatlan hátországban. Csak néhány nomád „hottentott" – egy nem bantu, mongol típusú népcsoport – élt a Fokföld tengerpartján, és a parton talált hulladékokból és kincsekből élte meg bizonytalan megélhetését. Hamarosan a Holland Kelet-indiai Társaság zöldségkertjeinek munkásai lettek. De a britek betörtek a fokföldi településre, és saját közigazgatást hoztak létre a londoni Brit Kelet-indiai Társaság (BEIC) ópiumkereskedelmi vállalat égisze alatt.

Ebből a kedvezőtlen kezdetből egy virágzó, nyüzsgő közösség fejlődött ki, amelybe a hollandok is beilleszkedtek. A brit invázió után a londoni BEIC komolyan elkezdett beavatkozni a holland közösség belügyeibe.

A „boereknek" (parasztoknak) nevezett hollandok ekkor tervet kezdtek szőni a Fokföld elhagyására, és „vándoroltak" (utaztak) az északi hatalmas, lakatlan síkságokra. A hosszú utazás után a boerek megérkeztek és letelepedtek a lakatlan földeken, amelyeket Orange Free State Köztársaságnak és Transvaal Köztársaságnak neveztek el. Hangsúlyozni szeretném, hogy a boerek által bejárt több ezer négyzetmérföldnyi területen nem éltek a Zambezi-folyótól északra lakó bantu népek. A közkeletű történelemmel ellentétben a boerek nem vették el a Transvaalt és az Orange Free State-et a bantuktól.

A valaha ismert leggazdagabb aranylelőhely felfedezése Rhodes-t vonzotta a helyszínre, és attól kezdve Viktória királynő megalapozatlan igényét kezdte érvényesíteni az új köztársaságokra. A háború elkerülhetetlen volt, miután Viktória elutasította az istenfélő Paul Kruger békejavaslatait.

Viktória királynő elszántan háborút akart, és 1899-ben a brit kormány elküldte az első csapatokat, amelyek 1901-re elérték a lenyűgöző 400 000 fős létszámot, mindezt azért, hogy legyőzzenek egy gerillaerőt, amelynek létszáma soha nem haladta meg a 80 000 főt a csatatéren, és amelynek tagjai közül sokan alig tizennégy, mások pedig hetvenöt évesek voltak.

A búrok hősies küzdelme példaként szolgálhatna minden olyan ország számára, amelyet nagy, zsarnoki kormányok fenyegetnek. Majdnem három éven át a parasztokból álló katonák harcoltak és legyőzték a brit hadsereg büszkeségét.

A búrok csak akkor voltak hajlandók véget vetni a harcoknak, miután 27 000 nőjük és gyermekük halt meg az embertelen koncentrációs táborokban, amelyeket Lord Kitchener és Alfred Milner, a Rothschildok szolgája hozott létre. Miután a bosszúálló Lord Milner népirtó politikájának következtében lemészárolták a marháikat, porig égették a farmjaikat, és nők és gyermekek ezrei haltak meg, a búr harcosok kénytelenek voltak visszavonulni a csatatérről és letenni a fegyvert.

A harcok során Rhodes folyamatosan tájékoztatta urait, a Rothschildokat, és pontosan végrehajtotta utasításaikat. Ma N. M. Rothschild még mindig Londonból irányítja az aranykereskedelmet. Rhodes abban az időszakban működött, amikor a Brit Birodalom volt a világ legerősebb politikai, gazdasági és katonai hatalma, mégis a búrok nem féltek szembeszállni a Birodalommal egy olyan háborúban, amelyről tudták, hogy nem nyerhetik meg, de amelyet elképesztő bátorsággal, elszántsággal és vitézséggel vívtak.

A Brit Birodalom olyan volt, mint a perzsa, az asszír, a babiloni és a római birodalom: két pillérre épült, azaz a „gyarmatai" vagyonának kifosztására és a lakosság gyakorlatilag rabszolgamunkájának felhasználására a feladat elvégzéséhez.

Anglia „nemesi" családjai visszavezethetők a velencei és genovai fekete nemességre, valamint e városállamok nagy bankárcsaládjaira. Ők voltak a (a nép elterelése a figyelem elterelésével) propaganda mesterei, és nem vesztették el érzéküket, ami a leghatékonyabb fegyverük volt a búr háborúban, valamint az első és a második világháborúban. A kormány mögött a bankárcsaládok álltak, amelyek közül a Rothschild-bankok voltak a leghatalmasabbak és legbefolyásosabbak. Egyes történészek azt a nézetet vallják, hogy a Dél-Afrikából szerzett vagyon „tette gazdaggá a Rothschildokat".

Ez egy olyan meggyőződés, amellyel nem értek egyet. A Rothschildok már jóval azelőtt hihetetlenül gazdagok voltak, hogy ügynökük, Cecil John Rhodes – a csalás és a ravaszság mestere, a kereszténységet gyűlölő ember – biztosította a Rothschildok számára a dél-afrikai arany- és gyémántkincsek monopóliumát. A londoni British Museumban tanulmányozott dokumentumokból és iratokból egyértelműen kiderült, hogy Mayer Amschel halála előtt nem sokkal vagyona meghaladta a világ leggazdagabb embereinek összesített vagyonát.

A Rothschild-vagyon teljes mértékét soha nem hozták nyilvánosságra, de az biztos, hogy csillagászati mértékben nőtt.

Amschel ismerte a pénz hatalmát, és az öreg John D. Rockefellerhez hasonlóan, aki utánozta titoktartási filozófiáját, Mayer is tudta, hogy a titoktartás elengedhetetlen a sikerhez. Vallási hite, miszerint a zsidók Isten kiválasztott népe, soha nem ingott meg, és minden alkalommal, nyilvánosan és magánéletében egyaránt, hirdette ezt a hitet. Hogy képet adjak a Rothschild-vagyonról, az alábbiakat hozom fel:

> Fia, Lionel a herceg hitvese és Disraeli barátja és tanácsadója volt, akinek a Sidonia in Coningsby című műve (alig leplezett) ideális portréja róla...
>
> Ő kezdeményezte a zsidók tisztségviselését Angliában lehetővé tevő törvényjavaslat elfogadását. Előlegezte a brit

kormánynak az ír éhínségre szánt kölcsönt (körülbelül 40 millió dollár), valamint a krími háborúra szánt összeget (körülbelül 80 millió dollár), és huszonnégy éven át az orosz kormány ügynökeként működött.

Nagy szerepet játszott az Egyesült Államok államadósságának sikeres finanszírozásában, biztosította a forrásokat a Szuezi-csatorna részvényeinek azonnali megvásárlásához; aktívan közreműködött a francia kártérítés Németországnak történő kifizetésének elősegítésében; irányította az Osztrák Birodalom pénzügyeit és az egyiptomi 8 500 000 font (körülbelül 40 000 000 dollár) összegű kölcsönt. (*The Jewish Encyclopedia,* 10. kötet, 501–502. oldal)

Jacob (James) Rothschild vagyonát, amely független volt Lionelétől vagy a család többi tagjától, a történészek halála idején 200 milliárd dollárra becsülték, írja Armstrong szerző, aki így fogalmazott...

„De ez csak becslés volt, mivel nem készült leltár a vagyonáról."

Természetesen ez összhangban volt az Amschel által lefektetett egyik alapelvvel, miszerint a titoktartást be kellett tartani. Mindenekelőtt a Rothschildok mindig részt vettek a háborúk finanszírozásában.

Hymym Solomon (más néven Haim) részt vett az amerikai forradalom finanszírozásában. A polgárháborúban a Seligman Brothers és a Speyer and Company finanszírozta az északiakat, az Erlanger urak pedig a délieket. A közelmúltban, a vasúti finanszírozás nagy fejlődése során a Kuhn, Loeb and Company cég vállalt kiemelkedő szerepet.

Bár ezt nem mondják ki nyíltan, bárki számára, aki ismeri a korszak banki viszonyait, egyértelmű, hogy a Rothschildok fedőemberek és fedőbankok révén finanszírozták az Északot és a Dél-államokat. A Rothschildok vagyonáról számos becslés született, és az egyik, aki talán jobban ismerte a helyzetet, mint mások, Cherep-Spiridovich gróf úgy becsülte, hogy csak az első világháborúból 100 milliárd dollárt kerestek.

John Reeves történész *A Rothschildok: a nemzetek pénzügyi irányítói* című művében jól összefoglalja a Rothschildok eredményeit:

> Mayer aligha sejthette, hogy fiai évek múlva olyan határtalan befolyást fognak gyakorolni, hogy a nemzetek békéje az ő bólintásuktól függ majd; hogy az európai pénzpiacokon gyakorolt hatalmuk lehetővé teszi számukra, hogy a béke és a háború döntőbíráiként lépjenek fel, mivel tetszésük szerint biztosíthatják vagy visszatarthatják a hadjárat folytatásához szükséges pénzügyi eszközöket.
>
> De ez, hihetetlennek tűnhet, pontosan az volt, amit hatalmas befolyásuk, hatalmas vagyonuk és korlátlan hitelképességük lehetővé tett számukra, hiszen nem létezett olyan cég, amely elég erős lett volna ahhoz, hogy hosszabb ideig ellenálljon nekik, vagy elég merész ahhoz, hogy olyan üzletbe fogjon, amelyet a Rothschildok elutasítottak.

Egy rövid magyarázat: Előfordult, hogy a Rothschildok elutasítottak egy ajánlatot, még ha az megalapozott is volt, pusztán azért, hogy megbüntessék azt a bizonyos nemzetet vagy vállalatot valamilyen képzeletbeli vagy valós vétkéért. Ha bármely más bankár vállalta volna azt, amit a Rothschildok elutasítottak, büntetésük gyors lett volna.

20. FEJEZET

Az amerikai alkotmányt a Rothschildok által fizetett korrupt törvényhozók tapossák sárba

Gyakran felmerült bennem és mások is felvetették már ezt a kérdést:

> „Hogyan jutott el az Egyesült Államok, amelynek alkotmánya, az ország legfőbb törvénye tiltotta a központi bank létrehozását, oda, hogy végül mégis létrejött egy ilyen központi bank, ami teljes mértékben ellentétes az alkotmánnyal?"

A kérdés megválaszolásához több ezer oldalnyi magyarázat lenne szükséges, de a következő rövid összefoglalásban megpróbálok nyomra vezetni, hogy hogyan kényszerítették az amerikai nép torkán le a Federal Reserve Bankokat.

Először is, a Federal Reserve Bank nem „szövetségi", mivel névtelen részvényesek tulajdonában van, és nem az Egyesült Államok kormányáé. Egyszerűen fogalmazva: ez egy magánbank, amely szövetségi kormányzati intézménynek álcázza magát.

Mint ilyen, nem tartozik elszámolással az amerikai népnek, amit bizonyít az is, hogy soha nem vizsgálták át kormányzati könyvvizsgálók, ahogyan azt a törvény előírná, ha kormányzati bank lenne. A nagy Louis T. McFadden, a Képviselőház Bankbizottságának elnöke egyszer a Képviselőház ülésén kijelentette:

> … a Federal Reserve bankrendszer a történelem legnagyobb csalása, az amerikai nép megtévesztése.

1932. június 10-én, pénteken, a Képviselőházban a Federal Reserve Bankról folytatott vitában a bátor McFadden így fogalmazott:

> Elnök úr, ebben az országban van az egyik legkorruptabb intézmény, amelyet a világ valaha ismert. A Federal Reserve Boardra és a Federal Reserve bankokra gondolok. A Federal Reserve Board, egy kormányzati testület, annyi pénzt csalt ki az Egyesült Államok kormányától és az Egyesült Államok népétől, amennyi az államadósság kifizetéséhez elegendő lenne. A Federal Reserve Board és a Federal Reserve bankok együttes rablásai és gonoszságai annyi pénzbe kerültek ennek az országnak, amennyi az államadósság többszörösének kifizetéséhez elegendő lenne.
>
> Ez a gonosz intézmény elszegényítette és tönkretette az Egyesült Államok népét; csődbe vitte önmagát, és gyakorlatilag csődbe vitte kormányunkat is. Ezt a működését szabályozó törvény hiányosságai, a Federal Reserve Board által elkövetett törvényi visszaélések, valamint az intézményt irányító pénzéhes keselyűk korrupt gyakorlata révén tette. Vannak, akik azt hiszik, hogy a Federal Reserve Bankok az Egyesült Államok kormányzati intézményei. Nem kormányzati intézmények. Magán hitelmonopóliumok, amelyek az Egyesült Államok népét zsákmányolják ki saját és külföldi ügyfeleik, külföldi és hazai spekulánsok és csalók, valamint gazdag és ragadozó uzsorások javára. Ezen a sötét pénzügyi kalózokból álló bandában vannak olyanok, akik elvágnák egy ember torkát, hogy egy dollárt szerezzenek a zsebéből…
>
> A 12 magán hitelmonopóliumot csalárd és hűtlen módon kényszerítették rá erre az országra azok a bankárok, akik Európából érkeztek ide, és akik az amerikai intézményeink aláásásával hálálták meg vendégszeretetünket. Ezek a

bankárok pénzt vittek ki az országból, hogy finanszírozzák az Oroszország elleni háborút. A mi pénzünkből terroruralmat hoztak létre Oroszországban... Ők finanszírozták Trockij New York-i tömeggyűléseit, amelyek a elégedetlenséget és a lázadást szították. Kifizették Trockij útját New Yorkból Oroszországba, hogy segíthessen az Orosz Birodalom megsemmisítésében. Ők szították és szították az orosz forradalmat, és egy svédországi bankjukban hatalmas összegű amerikai dollárt bocsátottak Trockij rendelkezésére. Azt mondják, hogy Wilson elnököt megtévesztették ezeknek a bankároknak a figyelmességei és a jótékonysági pózok, amelyeket felvettek. Azt mondják, hogy amikor rájött, hogyan vezette félre House ezredes, ellene fordult ennek a beavatkozó típusnak, a pénzügyi birodalom „szent szerzetesének", és kidobta az ajtón. Volt annyi méltósága, hogy ezt megtegye, és véleményem szerint nagy elismerést érdemel érte.

1912-ben a Nemzeti Monetáris Szövetség, a néhai Nelson Aldrich szenátor elnökletével, jelentést készített és előterjesztett egy gonosz törvényjavaslatot, az úgynevezett Nemzeti Tartalék Szövetség törvényjavaslatot. Ezt a törvényjavaslatot általában Aldrich-törvényjavaslatnak nevezik.

Ő az európai származású bankárok eszköze volt, de nem bűntársa, akik közel 20 éve tervezgették egy központi bank létrehozását ebben az országban, és akik 1912-ben hatalmas összegeket költöttek és továbbra is költöttek céljuk elérése érdekében.

... Azoknak a gonosz Wall Street-i alakoknak a felügyelete alatt, akik House ezredes mögött álltak, itt, a mi szabad országunkban létrehozták a „király bankja" nevű, férges monarchikus intézményt, hogy felülről lefelé irányítsanak minket, és a bölcsőtől a sírig láncra verjenek minket. A Federal Reserve-törvény tönkretette a régi, jellegzetes üzletvitelünket...

Ráerősítette erre az országra pont azt a zsarnokságot,

> amelytől az Alkotmány megalkotói meg akartak menteni minket.
>
> Az a veszély, amely ellen az országot figyelmeztették, bekövetkezett, és megmutatkozik a hazaáruló és becstelen Federal Reserve Board és a Federal Reserve Bankok ügyleteit kísérő hosszú sorozatú borzalmakban... Az Aldrich-törvényt európai származású bankárok alkották New York Cityben. Ez a Reichsbank és más európai központi bankok másolata és általában véve fordítása volt." (Különösen a Bank of England)
>
> (A Képviselőház kongresszusi jegyzőkönyveiből, Louis T. McFadden kongresszusi képviselő beszédeinek gyűjteményéből)

1933. június 15-én, csütörtökön McFadden ismét harcba szállt az amerikai alkotmányt durván sértő központi bank bevezetése ellen. A Képviselőházban tartott beszédében McFadden panaszkodott arra, hogy külföldi bankárok veszik át az amerikai nép pénzét és hitelét, és különös figyelmet szentelt Jacob Schiffnek, akiről azt állította, hogy a Rothschildok ügynöke:

> Támadást intézett továbbá egy bizonyos Mayer úr ellen is, aki George Blumenthal úr sógora, a J.P. Morgan and Co. cég tagja, és aki, ha jól tudom, a Rothschildok érdekeit képviseli... Teljesen egyértelművé szeretném tenni, hogy azzal, hogy Mayer urat a Federal Reserve rendszer élére helyezik, azt teljes mértékben átadják ennek a nemzetközi pénzügyi csoportnak.

Hogyan kényszerítették az Egyesült Államokat a Federal Reserve Bank rendszer rabszolgaságába? A válasz valójában nagyon egyszerű:

A Rothschildok pénzügyi hatalmán és az amerikai Képviselőházban és Szenátusban ülő árulók csoportján keresztül történt, akik hajlandóak voltak eladni a lelküket cserébe a gazdagság és a kényelem életéért. Ilyen emberek minden országban megtalálhatók, és nincs mód arra, hogy megakadályozzuk árulásukat. Hírhedt tetteik továbbra is keserű gyümölcsöt hoznak. McFadden azért lett meggyilkolva, mert merte felfedni az igazságot arról, hogy August Belmont kizárólag azzal a céllal érkezett az Egyesült Államokba, hogy olyan politikusok felett szerezzen ellenőrzést, akik lehetővé teszik a Rothschildok számára az Egyesült Államok pénz- és hitelrendszerének irányítását.

Három merényletet kíséreltek meg ellene: egy sikertelen lövöldözés és két mérgezési kísérlet, amelyek közül az utolsó végzett ezzel a nagyszerű és bátor amerikainak. Gyilkosait soha nem találták meg, és az igazságszolgáltatás még mindig nem történt meg.

Így hallgattatták el egy nagy amerikai keresztény hazafit, kimondhatatlanul aljas tettet követtek el, és pénzügyi rabszolgaságot róttak az amerikai népre. Amíg az amerikai Képviselőház és Szenátus nép által választott képviselői betartják hivatali esküjüket, hogy megőrizzék és megvédjék Amerikát a nemzetközi bankárok pusztításától, akik az alkotmány elleni nemzetközi szocializmus támadását vezetik, addig a szabadság áldásai az amerikai népéi lesznek.

De amikor képviselőink meghajolnak a nemzetközi bankárok pénzhatalma előtt, és eladják magukat a Rothschild-pénzhatalom oltárán, akkor eljön az az óra, amikor mi, a nép, elveszítjük szabadságunkat és az Alkotmány által garantált jogainkat.

A Federal Reserve Act (Szövetségi Tartalék Törvény) súlyos csapást mért az Alkotmányra, újabb szög volt a valamikori szabad amerikai nép koporsójába. A Federal Reserve Act egy olyan út mentén tett lépés volt, amely az Alkotmány teljes megsemmisülésével fog végződni. A Rothschildok egyik szolgája, Lord Bryce azt mondta, hogy ötven évbe fog telni, mire megsemmisítik a republikánus kormányzati formát, amelyet az Alkotmány garantál az amerikai népnek. Lord Bryce azt jósolta, hogy:

> Az Alkotmány védelmét szolgáló biztonság el fog tűnni, mint a reggeli köd.

Ugyanez a Lord Bryce, aki hamis tanúvallomással szégyentelen hazugságokat terjesztett a német atrocitásokról Belgiumban, ami az Egyesült Államokat az első világháborúba sodorta.

Miután megszerezték az irányítást Európa vezető bankjai felett, és a kontinens és Anglia minden kormányának első számú hitelezőivé váltak, a Rothschildok ezután megszerezték az irányítást az Angol Nemzeti Bank felett is. E tény elrejtése érdekében elrendelték, hogy a bank részvényeseinek nevét soha ne hozzák nyilvánosságra:

> Ez a hatalom előidézte az aranystandard bevezetését, először a Brit Birodalomban, majd a már említett más országokban. Megszerezték az irányító részesedést az Angol Nemzeti Bankban, amelynek a néhai Lord Rothschild volt az aranyügynöke és kormányzója.
>
> A Bank of England az egyik számos fedőcégük közül. Kétségtelenül többségi részesedéssel rendelkeznek a legtöbb más kibocsátó központi bankban is. Szigorúan betartva a titoktartást, amely a kezdetektől fogva a Rothschild-uralkodók egyik alapelve volt, a Bank of England nem hajlandó nyilvánosságra hozni részvényeseit...
>
> Ők [a Rothschildok] az első világháború előtt egyik ügynöküket, Paul Warburgot küldték képviselőjükként Amerikába, hogy megváltoztassák bankrendszerünket.
>
> A J. P. Morgan and Co. és a Kuhn, Loeb and Co. magánbankok tulajdonjogán és irányításán keresztül birtokolták és irányították a legfontosabb New York-i -i nemzeti bankokat és vagyonkezelő társaságokat, és ezeken keresztül irányították a New York-i Federal Systemet... Ahhoz, hogy a hitelkínálat bővítését és szűkítését tetszés szerint szabályozni lehessen, elengedhetetlen, hogy létezzen egy legfőbb hatóság, amelynek jogában áll a forgalomban

lévő pénzmennyiséget tetszés szerint növelni vagy csökkenteni.

A Rothschildok rendszerét megelőzően ez a hatalom a világ királyainál és császáraiánál volt, mivel ők voltak akkor a legfőbb hatóság. Hazánkban (az Egyesült Államokban) nemzeti alkotmányunk ezt a hatalmat (kizárólag) az Egyesült Államok Kongresszusára ruházta... A Rothschildok befolyása alatt a világ bankrendszerei mind radikálisan megváltoztak. A pénz kibocsátásának, valamint a hitelek nyújtásának legfőbb hatalmát a különböző kormányok átruházták az egyes országok bankáraira. Az Angol Nemzeti Bank a világ többi központi bankjának mintájává vált. A Federal Reserve System létrehozásának idején kormányunk volt az egyetlen jelentősebb kormány, amely még csak meg is próbálta gyakorolni szuverén jogát a forgalomban lévő pénzmennyiség kibocsátására és ellenőrzésére. A Federal Reserve System létrehozása az amerikai nép szuverén hatalmának teljes átadását jelentette a banki testvériségnek, amelynek értékeit a kongresszusi képviselőik révén szabályozták, amint azt az alkotmány garantálta számukra.

Az 1907-es pánik, mint minden más pánikunk, manipulált volt. Ezt a New York-i tartalékbank okozta azzal, hogy megtagadta a készpénz kifizetését a vidéki bankok betéteseinek, ami viszont szükségessé tette, hogy ezek a bankok is megtagadják a betéteseiknek történő készpénzkifizetést. Ezért elsősorban a forgalomban lévő pénz mennyiségének elégtelenségének és a kínálat növelésének nem megfelelő módszerének volt köszönhető.

A bank- és pénzrendszerünk reformjára irányuló kampány (amelynek célja a pánikot okozó további manipulációk megakadályozása volt) közepette Paul Warburg, egy német zsidó, a Rothschildok eredeti szülőhelyéről, Frankfurt am Mainból Amerikába emigrált. Érkezésekor a Rothschildok amerikai fiókja, a New York-i Kuhn, Loeb and Company tagja volt.

Az alábbiakban egy 1918. decemberi jelentés olvasható róla a Haditengerészeti Titkosszolgálattól:

„Warburg, Paul, New York City, német; 1911-ben amerikai állampolgárságot kapott, a császár kitüntette; az Egyesült Államok Federal Reserve Board alelnöke volt, gazdag és befolyásos bankár; nagy összegeket kezelt, amelyeket Németország biztosított Lenin és Trockij számára; a személynek van egy testvére, aki a német kémhálózat vezetője."

A Federal Reserve System a Rothschildok alkotása, és bevezetését ugyanazzal a titkos, megtévesztő módszerrel biztosították, amelyet mindig alkalmaznak céljaik elérése érdekében. Paul Warburg nyilvánvalóan azért jött Amerikába, hogy megreformálja bank- és pénzrendszerünket, és nyilvánvalóan ő és a Rothschild-érdekek már akkor előre látták a világháborút [-i első világháború, 1914–1918], bár az csak körülbelül három évvel később következett be.

Ez a mocskos története annak a legnagyobb katasztrófának, amely valaha is sújtotta az amerikai népet. Ekkor átadtuk Jeroboam Rothschildnak és utódainak a teljes, uralmat jólétünk és boldogságunk felett. Ezt megelőzően nagy befolyása volt a Morgan and Co. és a Kuhn, Loeb and Co. bankokon, valamint azok leányvállalatain keresztül, de most hatalma felsőbbrendűvé és korlátlanná vált. Ez az átadás tökéletesítette uralmát a világ összes népének gazdasága felett.

(Emmanuel Josephson, *Rothschild Money Trust*, 36., 40., 41., 132., 134. és 1600. oldal)

21. FEJEZET

A Rothschildok meghiúsítják az amerikai alkotmányt

A Rothschildok által az Egyesült Államok hitel- és pénzkínálatának merész eltérítésében az a legmegdöbbentőbb, hogy ezt az Egyesült Államok alkotmányának szigorú rendelkezései ellenére hajtották végre, amelyek tiltották a központi bank létrehozását.

Jézus Krisztus keresztre feszítésekor elhangzott szavai jutnak eszünkbe: „Atyám, bocsáss meg nekik, mert nem tudják, mit cselekszenek." Ez a bocsánatkérés a római katonákért és azok nevében hangzott el, nem pedig a Sanhedrinért, amely Jézus kivégzését követelte.

Így szólunk azokról az amerikai kongresszusi tagokról, akik nem tudták, mi történik, nem tudtak a velük szemben elkövetett hatalmas csalásról, és ami még rosszabb, nem ismertek az Alkotmányt, amelynek betartására esküt tettek:

> „Atyám, bocsáss meg nekik, mert nem tudták, mit cselekszenek."

De azokról az árulókról, csalókról, hazugokról és elárulókról, akik tudták, mit cselekszenek, azt mondom, hogy az Alkotmány megalkotói által javasolt, árulásért járó akasztásos halál túlságosan enyhe sors lett volna számukra.

Néhány korabeli tudós azon tűnődött, miért éppen akkor terjesztették elő a Federal Reserve Act-et.

Két ok jut eszembe. A Fehér Házban egy engedékeny szocialista elnök volt hatalmon, és a Federal Reserve megalkotói tudták, hogy háború közeledik. Ezért elengedhetetlen volt, hogy a központi bank működőképes legyen, mielőtt a háborús cselekmények megkezdődnek.

A későbbi történelem megmutatta, hogy a Federal Reserve Act-et időben fogadták el ahhoz, hogy a közelgő háború bekövetkezhessen. Az Egyesült Államok által biztosított hatalmas finanszírozás nélkül minden okunk megvan azt hinni, hogy az első világháború nem tört volna ki.

A második ok természetesen a nyilvánvalóbb: az Egyesült Államok bank- és pénzügyi rendszerének teljes ellenőrzése.

Az illegális, alkotmányellenes Federal Reserve Act elfogadása lehetővé tette a Rothschildok számára, hogy Wilson árulása révén belerángassák az Egyesült Államokat az első világháborúba, amely több millió fiatal keresztény férfi, az európai és amerikai nemzetek virágának halálát okozta, és milliárd dollárba került az Egyesült Államoknak.

Az árulók soha nem kerültek büntetésre, és Amerika ma is szenved annak a szörnyű háborúnak és az azt követő háborúnak a következményeitől, valamint attól a szorításból, amelyet a Rothschildok gyakorolnak az állítólag „szabad Amerikára", és amelyből továbbra is obszcén nyereséget szereznek.

Az amerikai nép valódi szabadsága azon a napon ért véget, amikor a Rothschildok a Federal Reserve Bankok létrehozásával átvették az irányítást Amerika pénzneme, hitelrendszere és gazdasága felett. Ha belegondolunk abba, hogy a Rothschildok milyen hatalommal rendelkeztek ahhoz, hogy bankrendszerüket az amerikai köztársaság szívében felépítsék, eszünkbe jut a következő vers: Milyen táplálékon él ez a mi Cézárunk, hogy ilyen hatalmassá vált?

Ennek a „húsnak" a történetét próbáltam elmesélni ebben a

műben, és talán ez némi fényt derít arra a rejtélyre, hogy hogyan tudták Wilson és Roosevelt is ráerőltetni akaratukat az amerikai népre, annak ellenére, hogy még frissen éltek a szemük előtt a Woodrow Wilson elnök által elkövetett árulás sokkoló példája.

Csak egy válasz lehet arra a kérdésre, hogy honnan származott ez a hatalom: az amerikai Rothschild-ügynököktől, akik az Egyesült Államok második világháborúba való belépését kívánták és aktívan törekedtek rá. A Liddell Hart kapitány által írt *Propaganda in the Next War* című könyv jó néhány fényt derít arra, hogy az amerikai népet hogyan rángatták bele másodszor is egy európai háborúba, annak ellenére, hogy a nép túlnyomó többsége teljes mértékben ellenezte azt, de sajnos úgy tűnik, hogy a könyv már nem elérhető. Armstrong szerző így fogalmazott:

> Úgy tűnik, ez a brit kormány félig hivatalos könyve. A könyv példányainak megsemmisítésére valószínűleg Hoar-Belisha hadügyminiszter utasítására került sor...
>
> A zsidó hazának létrehozása nem volt kérdés a világháborúban, sem a Németországgal kötött békeszerződésben.
>
> Az arabok szövetségeseink voltak, és a szövetségesek katonáival együtt harcoltak. Ez hidegvérű, védhetetlen rablás volt, amelyet az „idősebbek", Lloyd George, Woodrow Wilson és Georges Clemenceau kezdeményezésére követtek el. *(Rothschild Money Trust*, 65., 79. oldal)
>
> A legrosszabb az, hogy ennek a „zsidó hazának" a létrehozása hidegvérű árulás volt az arab kormány és a nép ellen. Az arabok azt állítják, hogy azzal a ígérettel csábították őket a háborúba a szövetségesek oldalán, hogy a Balfour-nyilatkozatot visszavonják, és az arabokat nem fogják zaklatni országuk békés birtoklásában és birtoklásában.
>
> Ezt az állítást a brit kormány nem tagadja, de azzal védekezik, hogy Woodrow Wilson ragaszkodott ahhoz, hogy

> a zsidók megkapják ezt a hazát, és hogy Lloyd George politikai okokból, valamint azért, hogy a békeszerződésben más, általa kívánt dolgokat is elérjen, beleegyezett ebbe. Palesztinát ma már joggal nevezik a „kétszer megígért földnek". Valószínű, hogy Németország is megígérte azt az orosz megállapodás fejében. (*Rothschild Money Trust*, 70. oldal)

Az első világháború és az azt követő békeszerződés egyik legkevésbé észrevett utóhatása az ezüst demonetizálása volt, amely az ókor óta mindig kiemelt szerepet játszott a világ monetáris rendszereiben. Az ezüst nemesfém, de a Rothschildok nem tartják annyira értékesnek, mint az aranyat, bár mindig is jó védelmet nyújtott az infláció ellen.

Sem az ezüst, sem az aranyérmék, sem a papíropciók/tanúsítványok nem inflációsak. Valószínűleg ezt szem előtt tartva tett a Rothschild-család hatalmas erőfeszítéseket az ezüst demonetizálására és az érmék eltávolítására a világ pénzrendszereiből. Nem szándékozom ebben a könyvben az Angol Nemzeti Bank történetét bemutatni, csupán időnként hivatkozni rá.

Az Angol Nemzeti Bank volt és ma is az összes „részleges tartalékbank" mintája, beleértve az illegális Egyesült Államok Federal Reserve Bankját is. Eredeti alapító okiratát 1844-ig nyolcszor módosították, és kétségtelen, hogy a Rothschildoknak nagy szerepük volt az utóbbi módosításokban, különösen a Peel-módosításban, amely drasztikus változásokat hozott, amelyek nagyban kedveztek a Rothschildok bankjainak.

A Peel-módosítást 1844-ben fogadták el, és azonnali hatása az volt, hogy demonetizálta az ezüstöt, amely addig ősidők óta valós pénzként keringett minden országban, sőt minden nemzetben is.

Erre azért került sor, mert a Rothschildok azt akarták, hogy háborús adósságaikat aranyban fizessék vissza, ami nyilvánvalóvá vált, amikor nem voltak hajlandók elfogadni a polgárháborús adósságok ezüstben történő kifizetését, és követelték az Egyesült Államok kormányától, hogy a adósságokat aranyban fizessék ki. Kétségtelen, hogy a Peel-módosítás előre látta ezeket a kérdéseket, és kifejezetten azért fogadták el, hogy megalapozza a későbbi eseményeket. A módosítás emellett aranymonopóliumot biztosított a briteknek, mivel ők birtokolták a dél-afrikai búroktól 1899–1902-ben a során ellopott aranyat.

Mellesleg Peel volt az, aki a zsidók jogfosztásáról szóló törvényjavaslatot a Házon keresztülvezette, ami lehetővé tette, hogy Anglia hosszú történelme során először zsidó is indulhasson közhivatalért. De az erős ellenzékkel folytatott küzdelem közepette Peel lovaglás közben leesett a lováról, és a sérüléseibe belehalt. Kiváló lovas volt, ami a balesetet még furcsábbá teszi. Ezzel Disraeli maradt a törvényjavaslat fő szószólója. Disraeli 1847. december 7-én, pártelnökként tartott első beszédét az alsóházban, de azt elnyomták ellenfelei, élükön a rettegett ír Daniel O'Connell-lel.

A zsidók jogfosztottságáról szóló törvény mellett állt Sir Moses Montefiore, aki házasság révén rokonságban állt a Rothschildokkal, és a londoni City két seriffje közül az egyik volt. Bár zsidó volt, Montefiore betölthette ezt a magas tisztséget, mert a Lordok Háza nem rendelkezett joghatósággal vagy ellenőrzési joggal a londoni City felett.

Montefiore azért jött az alsóházba, hogy engedélyt kapjon a vita meghallgatására.

A törvényjavaslatot nem közvetlenül terjesztették elő, hanem úgy, ahogyan az később ismertté vált: egy, az összes vallásra vonatkozó korlátozások eltörléséről szóló törvényjavaslatként, amit a Rothschildok mindig is tettek, és amit „oldalszélnek" neveztek.

A intézkedés célja az volt, hogy véget vessen a régóta fennálló gyakorlatnak, amely szerint a zsidók nem lehettek bírók, tanárok vagy parlamenti képviselők; nem szavazhattak, ha megtagadták a keresztény eskü letételét, és nem gyakorolhatták az ügyvédi szakmát.

Lionel de Rothschild megtagadta a keresztény eskü letételét, és bár a Lordok Házába választották, nem foglalhatta el helyét, mert makacsul ellenezte a keresztény eskü letételét.

A konzervatívok által „zsidótörvénynek" nevezett javaslat nem tűnt el a napirendről, még azután sem, hogy tizenegy éven át olyan képviselők ellenezték, mint, Lord Derby, Lord Bentinck és Sir Robert Inglis, akik arra a kérdésre, hogy miért kellene kizárni a zsidókat a parlamentből, így válaszoltak: „A zsidók itt önkéntes idegenek, és csak akkor jogosultak polgárrá válni, ha betartják erkölcsi törvényünket, azaz az evangéliumot."

A Lordok Házában a toryk határozottan ellenezték a „zsidótörvényt", ahogy Lord George Bentinck nevezte, amikor tizenegy éven át minden alkalommal elmagyarázta, amikor a törvényjavaslat újra napirendre került. El kell ismerni a Rothschildok kitartását: ha valamit akartak, addig ragaszkodtak hozzá, amíg meg nem kapták. Ahogy Lord Bentinck elmagyarázta:

> A zsidókérdést személyes ügynek tekintem, akárcsak egy nagy magánbirtokot vagy egy válási törvényjavaslatot. Disraeli természetesen melegen támogatni fogja a zsidókat, először is örökletes előítéletből, másodszor pedig azért, mert ő és a Rothschildok nagy szövetségesek. (*A Hansard-jelentésből*)

Bentincket később holtan találták, látszólag szívrohamban halt meg, negyvenhat évesen. Akárcsak Peel halála előtte, Bentinck halála is sok megválaszolatlan kérdést hagyott maga után, amelyek közül a legfontosabbakat soha nem vizsgálták meg.

1849. február 20-án a zsidók jogfosztottságának megszüntetéséről szóló törvényjavaslatot ismét napirendre tűzték a Házban, harmadik olvasatra, Disraeli vezetésével. A galérián Louise de Rothschild ült, Lionel Rothschild nevében figyelve az eljárást. A törvényjavaslatot 272 szavazattal 206 ellenében fogadták el, de a Lordok Házában elbukott.

A következő évben, 1850. július 29-én Lionel de Rothschild ismét megpróbálta elfoglalni helyét, de a jegyző ezt megtagadta, és így új, heves vitákkal jellemezhető, lázas tevékenység vette kezdetét.

A javaslatot a *Times* ekkor már a parlament „éves időtöltésének" nevezte. Miután 1849-ben, 1851-ben, 1853-ban, 1856-ban és 1857-ben elutasították, Disraeli 1858-ban új, taktikát próbált ki az eskü szövegének megváltoztatásával, de a Lordok Háza ismét elutasította.

Disraeli visszavágott azzal, hogy bizottságot nevezett ki az új eskü visszaállításának alapjainak vizsgálatára, és Lionel de Rothschildot is kinevezte a bizottság tagjává. Végül, csúnya jelenetek és Lord Derby hátsó sorokból érkező ellenállása közepette, sok morgolódás mellett, hajszálnyi többséggel megszavazták a kompromisszumot: mindkét ház megfogalmazza a saját esküjét. Lionel de Rothschild fényűző otthonában nagy öröm uralkodott, hogy véget ért a „tizenegy évnyi kiabálás és ordítozás a Ház minden sarkában".

1858. július 26-án Lionel de Rothschild letette az új, nem keresztény esküt, és kezet rázott Disraelivel, amikor felment, hogy ezt megtegye, nyilvánosan kifejezve hálájót pártfogoltja iránt, akit bölcsen és nagy előrelátással, még kiskorában áttért a keresztény hitre, valószínűleg előre látva, hogy szüksége lesz éppen arra a szolgálatra, amelyet most nyújtott.

22. FEJEZET

A Rothschildok megtörnek

Megnyíltak a kapuk. Lord Rothschild elfoglalta helyét, őt gyorsan követte David Salomons, Sir Francis Goldsmith, Nathaniel de Rothschild, Frederick Goldsmid és Julian Goldsmid.

Érdekes, hogy ezek közül a férfiak közül egyik sem képviselte Disraeli saját pártját, a Konzervatív Unió Pártot („Tory Pártot"). De a fő ellenzéki, Derby gróf, aki most már saját pártjának támogatását is elveszítette, írásban fogalmazta meg kifogásait:

> Anélkül, hogy bármiféle hűtlenséget vagy elégedetlenséget tanúsítanának Őfelsége zsidó vallású alattvalói iránt, a Lordok úgy vélik, hogy annak a Megváltónak a tagadása és elutasítása, akinek nevében a Parlament mindkét háza naponta közös imát mond a Tanácsokra szálló isteni áldásért, erkölcsi alkalmatlanságot jelent egy nyilvánvalóan keresztény közösség jogalkotásában való részvételre. (*Hansard-jelentés*)

A zsidók jogfosztottságának megszüntetéséről szóló törvény legszembetűnőbb eredménye az volt, hogy a Rothschildok és más vezető zsidók számára hozzáférést biztosított a Lordok Házához, és eltörölte a gyűlölt keresztény esküt. A másik változás, a Bank of Englandre vonatkozó Peel-módosítás kapcsán a köznép, mint mindig, fogalma sem volt arról, hogyan verik át őket, és mennyit fognak veszíteni. A gazemberek olyan ügyesen dolgoztak, hogy míg az áldozatok tágra nyílt szemmel járkáltak, de nem fogták fel, amit láttak, addig a Rothschildok megszilárdították hatalmukat a világ monetáris rendszereiben.

Természetesen a csalás ma is folytatódik, amikor az amerikai érméket úgy készítik, hogy ezüstnek tűnjenek, de ezek az érmék egyáltalán nem tartalmaznak ezüstöt. Az amerikai érméket akár műanyagból is készíthetnék, de az nem lenne jó, mert akkor a tömegek ennyi év után végre ráébrednének a csalásra! Még a *Britannica Enciklopédia* is megpróbálta eltitkolni a Peel-módosítás csalását:

> Ahhoz, hogy orvosoljuk pénznemünkben rejlő hiányosságokat, elengedhetetlen volt, hogy óvatosan járjunk el, a lehető legnagyobb mértékben tiszteletben tartsuk a meglévő érdekeket, és kerüljük az olyan lépéseket, amelyek felkelthetik a közvélemény félelmét vagy gyanakvását; az intézkedések azonban... olyan ügyesen voltak kidolgozva, hogy alig váltottak ki ellenállást, ugyanakkor rendkívül fontos és rendkívül előnyös változásokat hoztak létre. (*Encyclopedia Britannica* III. kötet, 323. oldal)

Például: Melyek voltak azok a „hibák", amelyekről szó van?

A fő „hibája" az volt, hogy eddig nem volt könnyű háborút indítani, mivel soha nem volt elég pénz az ilyen háborúkhoz, és további adóztatás révén kellett pénzt előteremteni. Ez azt jelentette, hogy egy bizonyos ponton még a szunnyadó tömegek is felháborodtak volna, és lázadásba kezdtek volna a túlterhelő adók ellen.

A másik „hibája" az volt, hogy a papírpénzt nemesfémmel kellett fedezni, és kívánatos volt a régi babiloni csalárd részleges tartalékbanki rendszer teljes körű alkalmazása, ami egyszerű nyelven azt jelentette, hogy a bankok kiadhatnak egy bizonyos mennyiségű papírpénzt, amelyet nem fedeznek valós eszközök, mint az ezüst és az arany. E változások és a Peel-módosítás, valamint az amerikai Federal Reserve Bankok létrehozását követő papírpénz-áradat nélkül az első és a második világháború nem lett volna lehetséges. Egyszerűen nem volt valódi pénz ilyen pazarló háborúkra, és az emberek sem tűrték volna a további adókat, amelyekkel ezeket a kalandokat finanszírozták.

Valójában nem lett volna öbölháború, nem lett volna iraki invázió 2002-ben, nem lett volna Szerbia bombázása és nem lett volna háború Afganisztán ellen – ha nem lett volna bőséges ellátás értéktelen papírpénzzel, amelyet amerikai dollárnak neveznek. Bár világszerte elfogadják – valójában ezek egy magánbankrendszer által kibocsátott papírdarabok, amelyeket nem lehet aranyra vagy ezüstre váltani.

Miért volt szükség, a *Britannica Enciklopédia* szavaival élve, „óvatosan eljárni"? Ha ez őszinte szükség volt, miért kellett óvatosságra törekedni a lépés során? De az enciklopédia elárulja a csúnya megtévesztési játékot a következő szavakkal: „ami felkeltheti a közvélemény félelmeit és gyanakvását".

Saját bevallása szerint most megtudjuk, hogy óvatosságra volt szükség, mert a közvéleményt aljas csalással vezették be, és ezt a csalást „ügyesen kellett kitervelni, hogy minél kevesebb ellenállást váltson ki".

Micsoda beismerés, hogy tömeges megtévesztést és durva csalást követtek el a nép ellen. Az elkövetők nagyon jól tudták, hogy a nép lázadásba törne, ha rájönne, ezért a Peel-módosítást „rendkívül előnyös változásoknak" kellett álcázni.

Kik voltak a „rendkívül előnyös változások" kedvezményezettjei? Csak egy párt profitált belőle, és az a Rothschild-dinasztia és világszerte működő bankjaik voltak.

Ha ez nem lenne igaz, a „rendkívül előnyös változásokat" London és a világ minden városának háztetőiről hirdették volna. De a „rendkívül előnyös változások" a Rothschild bankbirodalom javát szolgálták, és nem az érintett számos nemzet népének javát.

Míg Sir Robert Peel terjesztette elő a bank alapokmányának módosítását, annak szerzője valójában Lionel Rothschild volt, az ő londoni „komornyikján", Benjamin Disraelin keresztül, akit ő teremtett meg és tett híressé Anglia miniszterelnökeként, ugyanúgy, ahogy a Rothschildok teremtették meg és tették híressé I. Napóleont. Lionel Rothschild befolyása az Angol Nemzeti Bank felett soha nem csökkent, mióta megfélemlítette a bankot, hogy adja át neki a tényleges irányítást az aranytartalékok elleni támadásával, amint azt korábban elmagyaráztuk, azzal, hogy követelte, hogy papírjait cseréljék be aranyra.

Emlékeztetni kell arra, hogy 1847. augusztus 4-én, amikor Disraeli parlamenti képviselői jelöltségének esélye csekély volt, mivel számos hitelezőjétől tartva nem tudott ingatlanvagyont felmutatni, ami pedig a jelöltséghez szükséges feltétel volt, Mayer de Rothschild báró, Aylesbury városának megyéjében a főseriff volt az, aki Disraelit alkalmas jelöltként igazolta, majd hivatalosan megválasztottnak nyilvánította, miután egy másik jelöltet, John Gibbset, rábeszélték, hogy vonuljon vissza a választásról.

De a nézőközönség nem fogadta jól az eredményt. Disraelit betolakodónak tekintve füttyökkel és közbeszólásokkal fogadták. Érdemes megemlíteni azt is, hogy míg Disraeli olyan súlyos pénzügyi nehézségekben volt, amelyek súlyosan befolyásolhatták volna parlamenti karrierjét, Lionel de Rothschild volt az, aki megvásárolta adósságait és azokat törlesztette. Az ügyletről Weintraub *Disraeli* című művében, a 401. oldalon esik szó:

> Philip Rose és Lionel de Rothschild közreműködésével Montague minden adósságát rendezte. Az említett Montague állítólag „felajánlotta, hogy felvásárolja Disraeli adósságait, és a uzsorás kamatnál alacsonyabb kamatot számol fel". A kritikusok szerint Disraeli adósságainak valódi felvásárlója valójában Lionel Rothschild volt.
>
> Egy másik vitathatatlan tény, hogy 1848 szeptemberében a Rothschildok közreműködtek Disraeli vidéki házának,

> Hughendonnak a megvásárlásában egy báb, Titchfield márkija révén. Ahogy Disraeli feleségének, Mary Anne-nek írta: „Minden el van intézve; te vagy Hughendon úrnője".

Ezeket a tényeket azért említem, mert alátámasztják azt az állítást, hogy Disraeli „csupán a Rothschildok szolgája" volt.

A Rothschildok által a Peel-módosítás megtévesztésének végrehajtásához alkalmazott módszerek tanulmányozása azt mutatja, hogy pontosan ugyanúgy jártak el, amikor a Federal Reserve Bankok csalását az amerikai nép nyakába varrták. Mindkét esetben a cselszövés kitervelője és végrehajtója egy és ugyanaz volt: a Rothschildok.

Az 1840-es katasztrófát a Rothschildok rendezték meg és irányították, hogy előkészítsék a terepet az 1844-es döntő jelentőségű módosításhoz, amely annyira előnyös volt számukra, hogy véget vetett az ezüstpénz és az ezüsttanúsítványok korlátozó hatásának.

A Rothschildok rendezték meg az 1907-es pánikot, amely utat nyitott az amerikai változatának a Peel-módosításnak, a csalárd és egyenesen alkotmányellenes Federal Reserve Bankoknak, amely törvényjavaslatot számos helyben lévő ügynökük, nevezetesen William Aldrich szenátor vezette át a Szenátuson. A Peel-módosítás és a Federal Reserve Act ikertestvérek, ugyanazon szülőktől, a Rothschildoktól származnak, akik bábjaikat és szolgáikat használták fel, hogy elrejtse e hírhedt, megtévesztő fiskális és monetáris intézkedések valódi szerzőit.

Hogyan tudták a Rothschildok elérni azt a kettős sikert, amely a rabszolgaság igáját a köznép nyakára helyezte? Úgy, hogy birtokolták és irányították a brit parlament mindkét politikai pártjának vezetőit, valamint az amerikai képviselőház és az amerikai szenátus mindkét pártjának politikai vezetőit. Azóta semmi sem változott.

A status quo továbbra is szilárdan fennáll. A két intézkedés teljes ellenőrzést biztosított a Rothschildoknak a Brit Birodalom monetáris és fiskális politikája felett, valamint az Egyesült Államok monetáris és fiskális politikája felett, ezáltal nemcsak a Rothschildok vagyonát, hanem a brit és az amerikai kormányok politikáját diktáló hatalmukat is megsokszorozva, így

„a világ pénzpiacainak urává és uraivá”.

Disraeli nem mondta ki, hogy a Rothschildok teljes uralmat szereztek a világ kormányainak kül- és belpolitikája felett, de ezt aligha kellett kimondania, mivel a párizsi békekonferencián ez magától értetődővé vált.

Rothschild uraik utasítására Wilson elnök és George miniszterelnök két bizottságot szervezett, amelyeket „Pénzügyi Bizottságnak” és „Gazdasági Szakosztálynak” neveztek el. A Pénzügyi Bizottságba kinevezték Rothschild ügynökeit, Baruchot és Thomas Lamontot, a J.P. Morgan and Co. társát.

A két bizottság tanácskozásainak és döntéseinek végeredménye szinte lehetetlenné tette Nagy-Britannia és Franciaország számára, hogy visszafizessék háborús adósságaikat az Egyesült Államoknak, valószínűleg azzal a szándékkal, hogy azokat „elengedjék”, ami meg is történt, az amerikai alkotmány legkirívóbb megsértésével.

Az Egyesült Államok Alkotmányában nem voltak és nincsenek olyan rendelkezések, amelyek lehetővé tennék a külföldi hatalmaknak nyújtott kölcsönöket és ajándékokat, nemhogy az adósságok leírását. De a Rothschildok számára ez csak egy újabb leküzdendő akadály volt, és az Egyesült Államok valóban leírta a szövetségesek több milliárd dolláros adósságát.

A szándék egyértelműen az volt, hogy a Rothschildoknak járó adósságokat visszafizessék, és ez volt a legfontosabb. Sajnos a Rothschildok ügynökei az amerikai kormányban belementek abba a tervbe, amely milliárd és milliárd dollárt rabolt el az amerikai néptől, és ugyanilyen összegekkel gazdagította a

Rothschildokat, mindezt az Egyesült Államok legfőbb törvényének, az Alkotmánynak a legkirívóbb megsértésével.

Ennek nyomán az Alkotmány nyílt semmibevétele a nemzetközi szocializmus megerősödéséhez vezetett, ami szegénységet és szenvedést okozott, és forradalmakhoz vezetett, amelyek a kommunizmus felemelkedését eredményezték.

Ki volt ez a Disraeli, az a férfi, aki ilyen mélyreható hatást gyakorolt Anglia történelmére? Hogyan törekedett a hatalmi pozíciójára?

Benjamin Disraeli (1804–1881), akit későbbi éveiben Lord Beaconsfield címmel tüntettek ki, volt az első zsidó származású személy, aki Anglia miniszterelnöke lett.

A British Museumban található dokumentumok tanulmányozása azt mutatja, hogy Disraeli hírnevét és hatalmát kizárólag Lionel Rothschildnak köszönhette. Amikor Lionel felfedezte, Disraeli mély szegénységben élt, de mégis sikerült hatalomra és hírnévre szert tennie, mert Lionel Rothschild hasznos szolgának találta.

Bismarck, Rothschild egy másik „alkotása", azt mondta, hogy Disraeli volt az, aki kitervelte, hogyan lehet az Egyesült Államokat polgárháborúval tönkretenni.

Az amerikai polgárháború volt a világ történelmének legértelmetlenebb testvérgyilkossága, amely közel 800 000 ember életét követelte. Ez egy olyan háború volt, amelynek soha nem kellett volna megtörténnie, és nem is történt volna meg, ha nem lett volna a Rothschildok és ügynökük, Disraeli „rejtett keze", akinek lelkén örökre a polgárháború halottainak vére fog nyugodni.

> Lionel Rothschild lett Benjamin mentora és vezetője. A fiatal Disraeli formálódó éveitől kezdve Lionel átvette az irányítást, és egyik sikertől a másikig vezette pártfogoltját.

> Disraeli volt Lionel számára az, ami Weishaupt volt Amschel számára; Gambetta James Rothschild III számára az, ami Poincaré volt Alphonso Rothschild IV számára és az, ami Eduard Rothschild V számára, vagy amilyen Kerenszkij (Kirbis) volt és marad E. Rothschild V számára... Disraeli volt a trójai faló, akit becsempésztek Nagy-Britannia felsőbb rétegeibe, és aki magában hordozott egy tucatnyi zsidót, akik később lordokká és miniszterekké váltak. Most már ők uralkodnak rajta teljes mértékben. (*Akadályozzuk meg a második világháborút.* (Cserép-Spiridovics gróf)

Buckle *Disraeli élete és halála című* műve szerint

> „az angol történelemben nincs csodálatosabb karrier, mint Disraelié, és eddig senkié sem volt ennyire rejtélyes, mint az övé."

De Thomas Carlyle, a nagy angol esszéista és történész számára Disraeli „kalandor és kiváló zsidó bűvész" volt. Carlyle figyelemre méltó művet írt a francia forradalomról, és nagy sikert aratott „A hősökről" című előadásai révén jobb ítélőképességgel rendelkezett Disraeli megítélésében, mint *Buckle „Az angol civilizáció története" című műve.* William Langer professzor is reálisabban értékeli Disraeli érdemeit, de ezek közül a történészek közül egyik sem szól egy szót sem mentoráról és irányítójáról, Lionel Rothschildról. Cherep-Spiridovich a legkevésbé kegyes Disraeli iránt:

> Disraeli politikája főként Oroszország iránti gyűlöletéből állt... Miután Lionel a szárnyai alá vette, Disraeli ezentúl diadalmas megvetést öltött magára, amely méltó lett volna egy Mefisztóhoz. Mivel kísértetiesen sápadt volt, villámló szemekkel és fekete hajjal, fekete bársony frakkot viselt, fehér szatén béléssel, fehér kesztyűt, lógó fekete selyem rojtokat, fehér elefántcsont botot fekete rojtokkal.
>
> Mindezt ördögien kombinálta, hogy erősebb benyomást tegyen a befolyásos idős hölgyekre. És rajtuk keresztül Benjamin Londonban megtanulta mindazokat a titkokat,

> amelyekre pártfogójának, Lionelnek szüksége volt, akinek pénzével Disraeli a legmagasabb pozíciókba lépett.

Sarah Bradford a *Disraeli című* könyvében a 60. és 186. oldalon kijelenti, hogy Disraelinek „erős cionista érzései voltak, amelyeket magánkörben fejezett ki". Bradford több más jelentős dolgot is említ, amelyek a Rothschildok Disraeli iránti támogatásához kapcsolódnak:

> Már a házasság előtt ismerték a feleségét, Mary Anne-t, és leírják, hogyan váltak a Rothschild-hölgyek egyre szorosabb kapcsolatba vele. (187. oldal)
>
> Disraelit gyakran vendégül látták Anthony de Rothschild otthonában, és „a család tagjának tekintették".

(386. oldal)

Disraeli, Weintraub szerző leírja, milyen közeli kapcsolatban állt Lionel Disraelivel (243. oldal), és hogy „Lionelt legjobb barátjának tartotta... Londonban senkivel sem találkozott gyakrabban, mint vele, és vacsorázni soha nem kellett meghívót kérnie. Disraeli feleségének, Mary Anne-nek a halála után gyakorlatilag Lionel házában lakott. (243. és 611. oldal) Anthony de Rothschild volt a világ legjobb és legkedvesebb házigazdája. (651. oldal)

Weintraub megemlíti, hogy Alfred de Rothschild rendkívül nagylelkű volt Disraeli iránt. Nem marad kétségünk afelől, hogy Disraeli és a Rothschildok rendkívül szoros barátságot ápoltak, amely messze túlmutatott a szó szokásos jelentésén.

23. FEJEZET

A Rothschildok helyettese finanszírozta a támadást Oroszország ellen

Korábban jeleztem, hogy részletesen elmagyarázom a Rothschildok részvételét a 1904–1905-ös japán–orosz háborúban. Abban az időben a japán kormány úgy gondolta, hogy segítséget kapnak Jacob Schiff-től, aki a háttérben dolgozott az orosz–japán feszültség szításán, de mi állt valójában a Schiff által a japánoknak nyújtott kölcsön mögött?

A Rothschildoknak szükségük volt Japánra Oroszország destabilizálásának törekvésében. A Romanov-család iránti gyűlöletük határtalan volt. A japán flotta támadása Port Arthur ellen megteremtette a megfelelő feltételeket a bolsevik forradalomhoz, amely idővel bekövetkezett. Ahogy Lionel Rothschild egyszer megjegyezte:

> „soha nem volt barátság a szentpétervári udvar és a családom között."

Az orosz–japán háború 1904. február 8-án kezdődött. A kommunisták örömükben ujjongtak, mert a támadásban lehetőséget láttak arra, hogy csapást mérjenek a kormányra. Az olyan orosz újságok, mint *a Novoje Vremjo,* azzal vádolták a cionista zsidókat, hogy titokban segítik Japánt. Ebben igazuk volt, mivel Jacob Schiff döntő szerepet játszott több, Japán javára nyújtott kölcsön kibocsátásában.

Schiff 1847. január 10-én Frankfurtban született, így kapcsolata volt a Rothschildokkal. Apját a Rothschildok ismerték.

Felnőttkorában Jacob a frankfurti Rothschild-bank brókere lett. 1865-ben a Rothschildok New Yorkba küldték, hogy kapcsolatba lépjen a Frank and Gans nevű, az céghez tartozó vállalkozással. A Rothschildok utasítására 1867-ben megalapította saját brókercégét, a Budge, Schiff and Co.-t. A társulás körülbelül hat évig tartott, majd 1873-ban felbomlott, ekkor Schiff Európába távozott.

Miután 1873-ban bejárta a német bankházakat, 1875-ben visszatért az Egyesült Államokba, és a Kuhn, Loeb and Co. bankház tagjává vált, amely a Rothschild-család amerikai banki érdekeltségeinek jól ismert „fedőcége" volt. Schiff gyűlölte Oroszországot, és az orosz–japán háborúban lehetőséget látott arra, hogy csapást mérjen a cárokra, és talán véget vessen uralmuknak Oroszország felett.

Kifejezett utasítására a Kuhn, Loeb and Co. 1904-ben és 1905-ben kibocsátotta a három nagy japán háborús kölcsönt. Hálából megkapta a Japán Szent Kincs második rendjét. A port-arthuri orosz flotta döntő veresége után megteremtődtek a feltételek az Oroszországban bekövetkező súlyos zavargásokhoz:

- 1904. július 28. Viacheslav von Plehve, a tehetséges belügyminiszter meggyilkolása
- 1904. augusztus 22. Zsidó zavargások törtek ki Kijevben, Rovnóban és Volhniában, amelyek októberig folytatódtak
- 1905. január 22. A Rothschild-ügynök, „Atya" Giorgi Gapon vezette véres vasárnap
- 1905. október 2–30. Általános sztrájk, amelyben az egész ország részt vett
- 1905–06. december 22. – 1906. január 1. Munkásfelkelés Moszkvában
- 1906. május 2. Witte gróf elbocsátása, amelyet a történészek a Romanov-dinasztia uralmának végének kezdeteként ismernek el

Von Plehve meggyilkolását egy 1904 februárjában keringő,

„Hámánnak" címzett zsidó vers jósolta meg. A belügyminiszterként könnyen azonosítható személyről szóló versben az állt, hogy az „új Hámán" hamarosan meghal. 1904. július 28-án reggel egy Sazonov nevű terrorista bombát dobott von Plehve-re, miközben az a szentpétervári Varsói pályaudvar előtti téren állt.

Közvetlenül a bolsevik forradalom kitörése előtt Schiff 20 millió dollárt adott Leninnek a bolsevik ügy előmozdítására. Nem csoda, hogy XIII. Leó pápa 1902. március 19-i apostoli levelében, *a Parvenu a la Vingt-cinquième Année-ben* így írt:

> A legtöbb nemzetet hatalmas szorításába vonva egyesül más szektákkal, amelyeknek valódi inspirációja és rejtett hajtóereje. Először vonzza, majd megtartja társait a világi előnyök csábításával, amelyeket biztosít számukra. A kormányokat néha ígéretekkel, néha fenyegetésekkel hajlítja akaratára. Behatolt a társadalom minden rétegébe, és láthatatlan, felelősségre nem vonható hatalmat, független kormányt alkot, mintha a törvényes állam testületén belül lenne.

Jól fogalmazott Dr. Gerard Encausse a *Mysteria* 1914. áprilisi számában:

> Az egyes államok nemzetközi politikája mellett léteznek bizonyos homályos szervezetek, amelyek a nemzetközi politika (háttérhatalma) ... Azok az emberek, akik részt vesznek ezekben a tanácsokban, nem hivatásos politikusok vagy ragyogóan öltözött nagykövetek, hanem bizonyos ismeretlen emberek, nagy pénzemberek, akik felülmúlják azokat a hiú, mulandó politikusokat, akik azt képzelik, hogy ők kormányozzák a világot.

Mielőtt a összeesküvők oldalára állt volna, Winston Churchill így nyilatkozott az oroszországi eseményekről:

> Egy félelmetes szekta, a világ legfélelmetesebb szektájának vezető szellemei, és az őket körülvevő szellemek démoni

> képességgel láttak munkához, hogy darabokra tépjék mindazokat az intézményeket, amelyekre az orosz állam támaszkodott. Oroszországot lealázták. Oroszországot le kellett alázni. A porba alázták.

Churchill Lenin és Trockij ördögi dühére utalt, valamint a terrorra és a pusztításra, amelyet a keresztény Oroszországra zúdítottak. (*Beszéd az alsóházban*, 1919. november 5.)

Lenin csupán a Rothschildok újabb szolgája volt, akit azok parancsára küldtek. A Romanovok iránti gyűlöletük nem ismert határokat.

Az egyetlen dolog, ami felbosszantotta a Rothschildokat, az volt, hogy a cár megpróbált létrehozni egy Szent Birodalmat, amely Krisztust ismerte volna el vezetőjének. Erről több beszámoló is létezik: A zsidó szerző, A. Rappaport könyve, *A Romanovok átka*, William Langer professzor beszámolója, John Spencer Bassett *A waterlooi elveszett gyümölcsök című műve*, valamint Lord Milner magániratai között található dokumentumok.

A Szent Szövetséget keresztény nemzetek szövetségének tekintették, amelyben Ausztria, Poroszország és Oroszország vett részt, abban a reményben, hogy Nagy-Britannia, Franciaország és Európa összes nemzete csatlakozik hozzájuk. A nemzeteknek hűségesküt kellett tenniük

> „az egyetlen és igazi uralkodónak, akinek egyedül, isteni jogon minden hatalom jár, nevezetesen Istennek, a mi isteni Megváltónknak, Jézus Krisztusnak".

Ennek a remélt szövetségnek a vezető fénye I. Sándor cár volt, aki hatalmas erőfeszítéseket tett annak megvalósítására. A Rothschildok azonnal kinyilvánították ellenzésüket.

Langer professzor így határozza meg, ami véleményem szerint elfogult leírás:

> 1815. szeptember 26-án aláírták a Szent Szövetséget, egy I.

> Sándor cár által kidolgozott dokumentumot, amelyet I. Ferenc császár és III. Frigyes Vilmos, végül pedig az összes európai uralkodó aláírt, kivéve a brit régens herceget, a pápát és a török szultánt. Ez egy ártalmatlan nyilatkozat volt a keresztény elvekről, amelyeknek az uralkodókat kellett volna irányítaniuk alattvalóikkal és egymással való kapcsolataikban.
>
> Ezeket a homályos és kifogástalan elveket a cár valószínűleg csupán egyfajta nemzetközi szervezet előszavaként szánta, az Abbe de St. Pierre által egy évszázaddal korábban javasolt irányelvek mentén.
>
> A dokumentum jelentősége nem a szövegében rejlett, hanem abban, hogy a közvélemény később összekeverte a Négyes Szövetséggel, és különösen a három keleti hatalom reakciós politikájával, amelyeket a nép szabadságait korlátozó, vallásnak álcázott paktumhoz kötöttnek tekintettek.

Először is, ez nem volt „vallásnak álcázva". Ezt a értelmezést a Rothschildok adták neki, akik mindent megtettek, hogy megakadályozzák Nagy-Britannia aláírását a dokumentumon.

Franciaországban a Rothschildok döntő szerepet játszottak az „egyház és állam szétválasztásának" elérésében, hogy ezzel segítsék a Szent Szövetség felbomlását. Rappaport könyve ezzel kapcsolatban:

> Az európai béke helyreállítása nagy elégedettséget okozott I. Sándor cárnak. Sándor a nemzetek vallástalanságát tartotta a gonosz forrásának. Felvetette az ötletet, hogy újraélessze a népek vallási buzgalmát, és így helyreállítsa a patriarchális rendszert, a családi élet tisztaságát, a törvény és a hatóság iránti engedelmességet. De az uralkodóknak példát kell mutatniuk, és mintaként kell szolgálniuk alattvalóik számára.
>
> Európa uralkodóinak a kereszténység alapítójának szellemében kell végrehajtaniuk birodalmaik és királyságaik uralkodóiként betöltött küldetésüket, amelynek a uralkodókat

> népeikkel és egymással összekötő kapocsnak kell lennie.
>
> (*A Romanovok átka*, 336. oldal)

Úgy tűnik, a Szent Szövetség ellentétben állt a Rothschildok terveivel, ha figyelembe vesszük Cherep-Spiridovich gróf írásait, aki úgy vélte, hogy 1815-től kezdve a Rothschildok pecsételték meg Oroszország és a Romanov-család sorsát. Manning bíboros kijelentette:

> Egy társulás jött létre azzal a kifejezett céllal, hogy kiirtsa az összes intézményes vallást és megdöntse Európa összes kormányát.

A bíboros úgy vélte, hogy az első áldozat Franciaország volt a francia forradalom idején, Oroszország pedig a második. Bizonyítékok vannak arra, hogy Disraeli nem az igazat mondta Oroszországról. A Rothschildok voltak azok, akik szították a bolsevik forradalmat, és finanszírozták azt New York-i banki fedőcégeiken, Jacob Schiff és J.P. Morgan révén, valamint Londonban Lord Alfred Milner segítségével. Tény, hogy Schiff 20 millió dollárt adott Trockijnak a keresztény Oroszország megdöntésének feladatára.

A Rothschildok története azt mutatja, hogy nem haboztak hatalmas vagyonuk egy részét politikai célok elérése érdekében elkölteni. Ebben elképesztő sikereket értek el.

Hogy a Rothschildok elképesztő hatalmat gyakoroltak a nemzetek és kormányok felett, azt a következő tény is alátámasztja:

> A császárnak konzultálnia kellett Rothschilddal, hogy megtudja, kihirdetheti-e a háborút. Egy másik Rothschild viselte a Napóleont megdöntő konfliktus teljes terhét. (*The Patriot*, Dr. Stuart Holden, 1925. június 11.)
>
> A grúziai (kaukázusi) felkelést a Rothschildok szervezték. (*Humanité*, 1924. szeptember. Ez egy zsidó magazin volt.)

A Rothschildok háborúkat indíthatnak vagy megakadályozhatnak. Szavuk birodalmakat teremthet vagy rombolhat. (*Chicago Evening újság*, 1923. december 3.)

Alphonse Rothschild beleegyezett abba, hogy kifizeti Németországnak a franciaországi teljes kártérítését, ha Franciaország királynak választja. (*Journal d'un Officier d'Ordonnance*, Comte d'Hemson)

A brit kabinet 1914. július 3-i utolsó, döntő ülésén Lloyd George úr meghívta Lord Rothschildot, hogy hallgassa meg a vitát. A miniszterelnök a Rothschildok érdekében játszotta el ördögi játékát, akiknek mindig is csupán eszközeként szolgált, és ma is az. Ha Anglia őszintén kijelentette volna, hogy Oroszország és Franciaország mellett áll, nem lett volna háború, mert a császár soha nem engedte volna meg, a körülötte szorosan álló 10 zsidó ellenére sem: Bethman-Hollwig-Rothschild, Rathenau, Ballin és Dembury. (*Unrevealed History*, Cherep-Spiridovich gróf)

A Rothschildok 1770 óta minden politikai és pénzügyi esemény gerincét képezik. Nevüket minden ország történelmének minden oldalán meg kellene említeni. Azokat az írókat, tanárokat, előadókat és politikusokat, akik nem beszélnek róluk, bolondoknak, képmutatóknak vagy bűnös tudatlanságnak kell tekinteni. (*Unrevealed History*, Cherep-Spiridovich gróf)

A Rothschildokról részleteket tartalmazó levéltárak nagy részét szándékosan elégették Párizsban az 1871-es Kommün idején, amelynek Rothschild volt a fő pénzügyi támogatója. (La Libre Parole, 1905. május 27.) 1817 februárjában a szabadkőművesek, Bublikoff és társai – mindannyian a Rothschildok szolgái – Oroszországba utaztak, és megállították a Petrogradba tartó gyorsvonatokat, hogy felkelésre buzdítsák a népet. (*Unrevealed History*, Cherep-Spiridovich gróf)

1911. február 15-én a Schiff and Co. sürgette Taft elnököt, hogy ne hosszabbítsa meg az 1832-es kereskedelmi

> szerződést Oroszországgal. Amikor az elnök elutasította, Schiff nem volt hajlandó kezet fogni vele, mondván: „Ez háborút jelent.” Ezt követte Luschinsky és Stolypin miniszterelnök meggyilkolása, majd az első világháború. (*Towards Disasters; Dangers and Remedies*, Cherep-Spiridovich gróf)

A Rothschildok királyokkal, hercegekkel és hatalmasságokkal társultak, hatalmas vagyonokat és címeket halmoztak fel, lordok és bárók, „Sir” és, „Lady” lettek, és számtalan kitüntetést kaptak. El akarták felejteni kezdeteiket és alapítójukat, aki mindezt lehetővé tette azzal, hogy eltulajdonította a „váratlan nyereséget”, amelyet a hesseni-kasseli tartománygróf bízott rá.

- Mayer Amschel 1743–1812
- Anselm Mayer 1773–1855
- Salomon 1774–1855
- Nathan 1777–1836
- Karl 1788–1855
- Jakab Jakab 1792–1868

24. FEJEZET

Néhány vélemény a Rothschildokról, szerepükről a háborúban, a forradalomban és a pénzügyi intrikákban

Ez a fejezet különböző szerzők és szakértők véleményeiből áll, amelyeket nem lehetett kényelmesen beilleszteni a könyv szövegébe, mert kissé összefüggéstelenek.

Mindazonáltal véleményem szerint fontosak, mert alapot nyújtanak azoknak a történészeknek és kutatóknak az írásaihoz, akik szinte kivétel nélkül egyetértenek abban a meggyőződésben, hogy a Rothschildok a 18. és 19. század egyik legnagyobb hatalma voltak, és minden valószínűség szerint ma még inkább azok.

> Az első világháború több mint 100 milliárd dollárt hozott Eduard Rothschildnak. (Cserép-Spiridovics gróf)
>
> Ez a hatalmas forradalom, amely jelenleg Németországban készül, és amelyről egyelőre olyan keveset tudunk, teljes egészében a zsidók égisze alatt zajlik, akik szinte monopolizálják a német egyetemi tanszékeket. (*Coningsby*, Disraeli, 250. oldal, az 1844–1848-as eseményekről írva)
>
> A történészek egyetértenek abban, hogy a Rothschildokra utalt. Akkoriban gyakorlatilag minden háborút és forradalmat a Rothschildok finanszíroztak. (Disraeli: *Coningsby*, 218–219. oldal)

> A Nemzetek Szövetsége zsidó ötlet. 25 éves küzdelem után hoztuk létre. (Nathan Sokolow, *cionista vezetők az Carlsbad Kongresszuson*, 1932. augusztus 27.)

> A Nemzetek Szövetségét teljes egészében zsidók irányítják: Paul Hymans, Sir Eric Drummond, Paul Mantaux, Abraham őrnagy, N. Spiller asszony, a zsidó „komornyik", Albert Thomas, aki francia milliókkal segítette a bolsevikok hatalomra jutását Oroszországban, a „Munkaügyi Osztály vezetője. Mesés fizetést kap." (*Le Péril Juif Le Règne d'Israël chez les Anglo Saxons,* B. Grasset, Peres, Franciaország)

Ez ismét a Rothschildokra utal, és nagy hangsúlyt fektetek arra, hogy a legtöbb esetben a „zsidók" helyébe a „Rothschildok" léphetnek.

> A modern társadalmi forradalmi mozgalom a 18·század közepére nyúlik vissza. Azóta folyamatos áramlatként ömlik a felforgató agitáció, sokféle formát öltve, de lényegében ugyanaz maradva, egyre szélesedve és mélyedve, mígnem valódi árvízzé vált, amely elárasztotta Oroszországot, és amely azzal fenyeget, hogy elnyeli a mi civilizációnkat is. (*The Revolt Against Civilization,* Lothrop Stoddard)

> A nagy forradalmi mozgalmak a 18·század közepe és vége között kezdődtek, amikor 1770-ben Amschel Rothschild a hesseni-kasseli tartománygróf intézője lett. Amschel felvette a 18·század összes Miliukovját, Kerenszkijét, Leninjét és társait, hogy megkezdjék felforgató agitációjukat, ahogyan E. Rothschild is felvette a 20·századéit. (Cserép-Spiridovics gróf)

> A világszintű jelentőségű tényeket túl kevesen ismerik, és több tényre van szükségünk. Az emberiség nem találhatja meg a fényt, ha nincsenek tényei. (A *Chicago Daily News* szerkesztője)

Mi ez a félelmetes szekta, amelyről Abbe Burruel a 18·században, Churchill pedig a 20. században beszél? A válaszon múlik a kereszténység és a kereszténységen alapuló civilizáció hatalma. Ez egy Oroszországon kívüli hatalom volt; világméretű hatalom volt, és elég erős ahhoz, hogy megbuktassa a -féle Oroszországot, valamint a Hohenzollern-házat is. Mi volt ez? (*A világ nyugtalanságának oka*, Nesta Webster, 35. oldal)

Lloyd George azt mondta, hogy nem hiszi, hogy bármely államférfi vagy uralkodó háborút okozott volna. Lehet, hogy egy évszázadnak kell eltelnie, mire a világ megismeri a teljes igazságot. (Copeland szenátor, Kongresszusi jegyzőkönyv)

A Rothschild-ház néhány vallástársával összeesküszik, hogy uralja a világot. (*A Rothschildok titka*, Mary Hobart asszony)

A császárnak konzultálnia kellett Rothschilddal, hogy megtudja, kihirdetheti-e a háborút. Egy másik Rothschild viselte a teljes terhet a konfliktusban, amely megdöntötte Napóleont. (*The New York Times*, 1924. július 22.)

A berlini császári levéltárban találtak egy levelet, amelyet Rothschild írt II. Vilmosnak, és amelyben a háborúra sürgette. (*Truth About The Jews*, Walter Hurt, 324. oldal)

A nyilvánosság számára a család (a Rothschildok) levéltára, amely oly sok fényt vethetne a történelemre, mély titok, elzárt könyv, amelyet rejtegetnek. (*A Rothschildok, a világ pénzügyi urai*, John Reeves, 59. oldal)

Bismarck, Beaconsfield (Disraeli), a Francia Köztársaság, Gambetta stb. – mindannyian semmit sem érnek. Csak egy káprázat. Egyedül a zsidó és a bankja az uraik, és ők uralkodnak egész Európán. A zsidó inkább a VETO-t választja, és hirtelen Bismarck bukik... A Rothschildok számára semmi sem történhetett volna kedvezőbben, mint az amerikai felkelés és a francia forradalom kitörése, mivel ez a kettő lehetővé tette számukra, hogy lefektessék az alapjait annak a hatalmas vagyonának, amelyet azóta megszereztek. (*A Rothschildok, a világ pénzügyi urai*, John Reeves, 86. oldal)

> Nesta Webster asszony nem kerülheti el azt a következtetést, hogy a nemzetközi pénzemberek állítják elő a pénzt (a forradalmakhoz és a háborúkhoz). Sőt, a zsidó pénzemberek azok, akik biztosítják a forrásokat; a zsidók azok, akik az elmúlt kétezer évben a forradalmak provokátorai voltak. A zsidók alkotják az öt fő szervezett, szörnyű mozgalom titkos belső tanácsát, amelyekkel a szervezett kormányoknak meg kell küzdeniük. (*The New York Times*, 1925. március 8.)
>
> A történelem egészében senki sem keltett olyan ellentétes és intenzív érzelmeket, vagy vált ki ennyire az emberiség csodálatát, félelmét és gyűlöletét. (*Napoleon*, Hebert Fisher)
>
> Napóleon, egy férfi, aki semmilyen vagyoni előnnyel vagy nemesi származással nem rendelkezett, 35 éves kora előtt a világ ura lett, és 46 évesen fejezte be páratlanul romantikus, lehetetlennek tűnő pályafutását. (*How Great Was Napoleon?* Sydney Dark)

Összegzésképpen: milyen elképesztő, hogy ugyanazok a világ elitjének vezetői, akiknek hatalmukban áll háborúkat szítani saját hasznukra, képesek tönkretenni és a feledésbe taszítani azokat a korábban fontos nemzeti vezetőket is, akik ellenzik nagy terveiket, különösen azt a szándékukat, hogy egy új világrendet hozzanak létre egy egyetlen világkormány diktatúrájának keretein belül. Hacsak nem sikerül felállítani egy ellenálló erőt, amely szembeszáll ezekkel a tervekkel, a világ 2025-re könnyen belezuhanhat egy brutális diktatúra sötétjébe.

Egyéb címek

OMNIA VERITAS.
OMNIA VERITAS LTD BEMUTATJA:
A KÁBÍTÓSZER-HÁBORÚ AMERIKA ELLEN
A kábítószer-kereskedelmet nem lehet felszámolni, mivel azok, akik irányítják, nem fogják hagyni, hogy elvegyék tőlük a világ legjövedelmezőbb piacát...
JOHN COLEMAN
Ennek az átkozott vállalkozásnak az igazi támogatói a világ „elitjei"

OMNIA VERITAS.
OMNIA VERITAS LTD BEMUTATJA:
A KŐOLAJÉRT HARCOLUNK
Az amerikai olajháborúk története
JOHN COLEMAN
A kőolajipar története végigvezet minket a „diplomácia" kanyargós útjain.
A harc a minden nemzet által áhított erőforrás feletti monopóliumért

OMNIA VERITAS.
OMNIA VERITAS LTD BEMUTATJA:
A ÖSSZEESKÜVÉS MÖGÖTT
A láthatatlan világkormány leleplezése
John Coleman
Minden nagy történelmi eseményt titokban terveznek meg azok az emberek, akik teljes titoktartás mellett dolgoznak
A jól szervezett csoportok mindig előnyben vannak a polgárokkal szemben

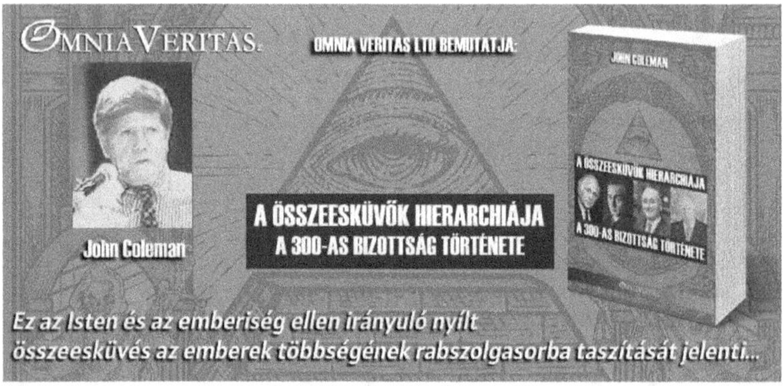
OMNIA VERITAS
OMNIA VERITAS LTD BEMUTATJA:
John Coleman
A ÖSSZEESKÜVŐK HIERARCHIÁJA
A 300-AS BIZOTTSÁG TÖRTÉNETE
Ez az Isten és az emberiség ellen irányuló nyílt
összeesküvés az emberek többségének rabszolgasorba taszítását jelenti...

OMNIA VERITAS
OMNIA VERITAS LTD BEMUTATJA:
A 20. század számos tragikus és drámai eseménye nem önmagától következett be, hanem egy bevált mintát követve került megtervezésre...
A RÓMAI KLUB
AZ ÚJ VILÁGREND GONDOLKODÓCSOPORTJA
JOHN COLEMAN
Kik voltak ezeknek a nagyszabású rendezvényeknek a szervezői és megalkotói?

OMNIA VERITAS
OMNIA VERITAS LTD BEMUTATJA:
A SZABADKŐMŰVESSÉG
A-tól Z-ig
John Coleman
A 21. században a szabadkőművesség már kevésbé titkos társaság, mint inkább egy „misztériumtársaság".
Ez a könyv elmagyarázza, mi is az a szabadkőművesség

OMNIA VERITAS
OMNIA VERITAS LTD BEMUTATJA:
A TAVISTOCK EMBERI KAPCSOLATOK INTÉZETE
Az erkölcsi, szellemi, kulturális, politikai és gazdasági hanyatlás az Amerikai Egyesült Államokban
John Coleman
Tavistock nélkül sem az első, sem a második világháború nem történt volna meg...
A Tavistock Emberi Kapcsolatok Intézetének titkai

OMNIA VERITAS
OMNIA VERITAS LTD BEMUTATJA:
JOHN COLEMAN
DIPLOMÁCIA MEGTÉVESZTÉSSEL
BESZÁMOLÓ A BRIT ÉS AZ AMERIKAI KORMÁNY ÁRULÓ MAGATARTÁSÁRÓL
JOHN COLEMAN
Az Egyesült Nemzetek Szervezetének megalakulásának története a megtévesztésen alapuló diplomácia klasszikus példája

OMNIA VERITAS
OMNIA VERITAS LTD BEMUTATJA:
Egyetlen világrend
SZOCIALISTA DIKTATÚRA
Mindezekben az években, miközben figyelmünket a moszkvai kommunizmus borzalmai kötötték le, a washingtoni szocialisták azzal voltak elfoglalva, hogy kifosszák Amerikát!
JOHN COLEMAN
„A washingtoni ellenség félelmetesebb, mint a moszkvai."

www.ingramcontent.com/pod-product-compliance
Lightning Source LLC
LaVergne TN
LVHW010931061026
849535LV00007B/2351
9781805404293